kailash

Mein herzlicher Dank gilt
Fabienne Nautz für die redaktionelle Mitarbeit
sowie Julia Tomuschat für ihre fachlich
wertvolle Unterstützung bei den Trancen.

Stefanie Stahl

Wer wir sind

Sich selbst besser verstehen –
glücklicher leben: das Praxisprogramm

Das Arbeitsbuch

kailash

Inhalt

Willkommen zur Reise in die Innenwelt

Liebe Leserin, lieber Leser,

mein Wunsch ist seit jeher, psychische Zusammenhänge so zu erklären, dass Menschen sich selbst verstehen lernen und im Leben besser zurechtkommen. Was mich dabei immer angetrieben hat, ist die große Frage danach, wie der Mensch eigentlich tickt. Wie ist der Bauplan beziehungsweise die Grundstruktur der menschlichen Psyche? Mein ganzes Berufsleben habe ich zu dieser Frage geforscht. Neben meinen psychotherapeutischen Ausbildungen und Fortbildungen und dem intensiven Studium von Fachliteratur haben mich auch meine unzähligen Gespräche mit Klienten und Klientinnen viel gelehrt. All diese Erkenntnisse habe ich in meinem Sachbuch »Wer wir sind« festgehalten. Du hältst nun das Arbeitsbuch zu diesem Sachbuch in der Hand: Der Fokus liegt hier auf der praktischen Umsetzung meines psychotherapeutischen Wissens. Um das Arbeitsbuch zu verstehen, musst du das Sachbuch nicht gelesen haben!

Ich nehme an, dass du das Arbeitsbuch in die Hand genommen hast, weil du zum einen wissen möchtest, wie du eigentlich tickst, und dir gleichzeitig praktische Anregungen wünschst, um das ein oder andere Thema in deinem Leben zu lösen. »Problem« sagt man heute ja nicht mehr: Man hat nur noch ein »Thema«. Das klingt in der Tat viel lösbarer, und genau darum soll es in diesem Buch schließlich gehen, nämlich um die Lösbarkeit von Themen. Trotzdem werde ich mir den Ausdruck »Problem« dann und wann nicht ganz verkneifen können, zumal wir alle bestimmte Themen als Problem empfinden. Wir werden also von Themen und Problemen reden.

Indem du dich mit der Funktionsweise der menschlichen Psyche vertraut machst, gewinnst du Verständnis für den Bauplan deiner Psyche. So kannst du dich nicht nur selbst viel besser verstehen, sondern auch gezielt an jenen Strukturen arbeiten, die noch einer kleineren Korrektur oder Reparatur bedürfen. Schließlich kann man auch ein technisches Gerät nur bearbeiten, wenn man eine ungefähre Vorstellung davon hat, wie es funktioniert. Auch wenn dir deine Empfindungen, deine Verhaltens- und Denkweisen oder deine Themen auf den ersten Blick vielleicht unerklärlich, unlogisch oder sogar übertrieben erscheinen, kann ich dir aus psychologischer Sicht versichern, dass sie eine erklärbare Ursache haben. In der Psychologie gehen wir nämlich davon aus, dass Verhaltensweisen, Denkweisen und Erleben in den allermeisten Fällen (psycho-)logisch sind. Diese Logik zu finden und zu verstehen, ist gar nicht so schwer. Denn im Grunde ticken wir Menschen alle gleich und das sogar weltweit. Das möchte ich dir mithilfe dieses Arbeitsbuches zeigen.

Ich werde in dieses Buch viele Übungen einfließen lassen, die dich dabei unterstützen können, deinen psychischen Bauplan und deine Muster zu verstehen. Außerdem wirst du etliche Übungen vorfinden, mit denen du Lösungsansätze für deine Probleme entwickeln kannst. Diese Übungen sind unterteilt in »Selbsterkenntnis« und »Selbstheilung«. Alle sind einfach, gut umsetzbar und effektiv – sie erfordern also keinen hohen Zeitaufwand oder außergewöhnliche Motivation. Auf der Internetseite www.penguin.de/stahl-arbeitsbuch kannst du von mir eingesprochene Trancen zu bestimmten Selbstheilungen anhören. Welche das sind, habe ich an die jeweiligen Heilungen dazugeschrieben. Du wirst das Symbol nicht übersehen können.

Manche Übungen greifen Aspekte vorhergehender Übungen in leicht abgewandelter Form auf. Das habe ich absichtlich so gewählt, weil es letztlich immer dieselben Grundmuster sind, in denen wir uns verfangen. Folglich sind auch die Auswege überschaubar. Stell dir vor, du müsstest einen Fluss überqueren, welche Möglichkeiten stünden dir zur Verfügung? Grundsätzlich drei: 1. Du schwimmst. 2. Du gehst über eine Brücke. 3. Du nimmst eine Fähre. Vielleicht nicht ganz so einfach, aber auch nicht viel komplizierter verhält es sich mit unseren psychischen Problemen. Am Ende sind die Dinge einfach. Und das möchte ich dir in diesem Arbeitsbuch vermitteln.

Als roter Faden zieht sich durch das gesamte Buch das Thema ***psychische Grundbedürfnisse und Gefühle***. Ich werde darauf eingehen, wie unsere Bedürfnisse und Gefühle uns motivieren, uns Orientierung geben und unserem Leben einen Sinn verleihen. Je besser wir die Zusammenhänge zwischen unseren Bedürfnissen, Emotionen und unserem Verhalten durchschauen, desto eher erkennen wir, was uns motiviert oder blockiert. Mit diesem Verständnis haben wir den Schlüssel zur Lösung unserer Probleme in der Hand und können unser Leben glücklicher und zufriedener gestalten. Hierdurch gelangen wir nicht nur zu mehr persönlicher Lebenszufriedenheit, sondern werden auch zu besseren Menschen. Denn je genauer wir unsere Themen reflektieren und auflösen, desto weniger projizieren wir sie auf andere. Wenn ich mich in meiner Haut wohlfühle, dann kann ich auch meinen Mitmenschen[1] freundlich und wohlgesonnen begegnen. Fühle ich mich hingegen gestresst oder gar minderwertig, dann ist auch meine Sicht auf andere schnell negativ eingefärbt. Unsere Gefühle spielen also die zentrale Rolle: Wir *fühlen* uns minderwertig oder wir *fühlen* uns vollwertig. Entsprechend *fühlen* wir uns in der Gegenwart anderer wohl oder unwohl. Unsere Gefühle sind die Essenz unseres Bewusstseins.

Die Evolution will, dass wir leben

Unsere Psyche hat sich Hand in Hand mit der Evolution entwickelt und ist darauf ausgerichtet, dass wir am Leben bleiben. Letztlich geht es immer um das Überleben. Auch psychisch. Wenn du Angst hast, einen Vortrag zu halten und dich total zu blamieren, kommt ganz schnell der Gedanke: »Das überlebe ich nicht.« Wenn du unter starker Verlustangst leidest und dich eifersüchtig an deinen Partner klammerst, meinst du im tiefsten Inneren: »Ohne ihn oder sie kann ich nicht leben.« Wenn du Angst hast, dich von A nach B zu bewegen, weil du unter Agoraphobie leidest, leidest du ebenfalls unter diffuser Todesangst. Wenn du einen riesigen Stress damit hast, einen Konflikt auszutragen, gehst du deiner Angst vor Ablehnung aus dem Weg. Für den Neandertaler bedeutete nämlich der Ausschluss aus einer Gruppe den sicheren Tod.

---

1 *Apropos »Mitmenschen«: Dir wird in diesem Buch vermutlich auffallen, dass ich nicht gendere. Stattdessen verwende ich im fortlaufenden Wechsel mal die weibliche und mal die männliche Form und zeige auf diese Weise, dass Frauen und Männer in allen Bereichen des Lebens (und auch bei psychischen Themen) vertreten sind.*

Die Beispiele mögen dir vielleicht drastisch erscheinen, tatsächlich sind sie das nicht. Wenn wir unsere Psyche bildlich betrachten, sitzen wir Menschen noch immer am Lagerfeuer und unsere Probleme lassen sich im Kern auf die folgenden Fragen reduzieren: Was muss ich tun, um hier weiter in Sicherheit sitzen zu dürfen? Und wie schaffe ich es, trotzdem meine eigenen Ziele zu verfolgen?

Im Verlauf der Lektüre wirst du erkennen, dass es bei unseren Problemen eigentlich immer um unsere Gefühle und Grundbedürfnisse geht. Wir alle haben starke Gefühle. Der eine etwas mehr, der andere etwas weniger. Auch das ist ganz normal. Warum du deine Gefühle vielleicht eher stärker oder eher schwächer erlebst, wirst du in diesem Arbeitsbuch herausfinden können.

Selbsterkenntnis: Kennst du das?

Weil Angst eine so grundlegende Emotion ist und unseren Alltag bewusst und unbewusst dominieren kann, beginnen wir mit einer Frage zu diesem Gefühl: Gibt es Dinge, die du kaum aushalten kannst? Gibt es Situationen oder Aufgaben, die du eigentlich unerträglich findest? Welche sind das?

Geh mal in dich und schau, wovor du Angst hast. Notiere deine Antwort hier:

____

____

____

Was tust du, damit deine Ängste nicht eintreten?

Vielleicht vermeidest du es, in bestimmte Situationen zu geraten, indem du dich vorab krankmeldest? Versuchst du immer, die Erwartungen zu erfüllen und perfekt zu sein, um bloß nicht kritisiert zu werden? Oder verdrängst du vielleicht bestimmte Sachverhalte? Klammerst du dich an deinen Partner, nur um nicht allein sein zu müssen?

Selbstheilung: Die Angst in deinem Kopf

Angst ist immer in die Zukunft gerichtet. Wir fürchten uns nicht vor dem, was genau in diesem Moment geschieht. Vielmehr haben wir Angst davor, was im nächsten Moment – also in der Zukunft – passieren könnte. Diese beängstigenden Erwartungen malen wir uns in unseren Köpfen meist bildhaft oder sogar als Katastrophe aus.

Hol dich bitte in die Gegenwart zurück: Wie geht es dir *jetzt* gerade? Hast du genau in diesem Moment ein Problem? Tritt die erwartete Katastrophe wirklich jetzt gerade ein? Wahrscheinlich nicht. Mach dir bewusst, dass deine Angst durch deine Gedanken entsteht und gerade nur in deinem Kopf ist. In diesem Augenblick kannst du dich erst einmal entspannen und dich beruhigen. Atme dazu dreimal tief ein und wieder aus und sag dir bei jedem Atemzug: »Jetzt ist alles gut, meine Angst ist finstere Zukunftsmusik.«

Sowohl auf körperlicher als auch auf psychischer Ebene tun wir nicht nur bewusst, sondern auch unbewusst viel dafür, um am Leben zu bleiben. Um unser Überleben zu garantieren, hat die Evolution vier ***psychische Grundbedürfnisse*** herausgebildet, um die sich von morgens bis abends unser psychisches Geschehen dreht. Wir sind ständig damit beschäftigt, uns diese Grundbedürfnisse zu erfüllen, mit dem Ziel, dass wir uns gut fühlen oder zumindest schlechten

Gefühlen aus dem Weg gehen. So wie es am Ende des Tages nur um unser Überleben geht, geht es am Ende des Tages auch nur darum, wie wir uns fühlen.

Und damit kommen wir zu einem zentralen Baustein der menschlichen Psyche: den **Grundbedürfnissen**.

Lerne deinen Bauplan kennen

Alles, was wir fühlen, wird durch unsere *psychischen Grundbedürfnisse* geprägt. Psychische Grundbedürfnisse lassen sich mit körperlichen Grundbedürfnissen vergleichen. Deine körperlichen Grundbedürfnisse kennst du vermutlich, etwa dein Bedürfnis nach Nahrungsaufnahme, Schlaf oder körperlicher Wärme. Wenige wissen aber, dass wir auch über psychische Grundbedürfnisse verfügen und dass man diese mit den körperlichen Grundbedürfnissen vergleichen kann. Ein Beispiel zur Veranschaulichung: Wir alle haben das körperliche Grundbedürfnis nach Nahrungsaufnahme. Es ist für unser Überleben existenziell. *Was* genau wir essen, hängt von unseren individuellen Vorlieben, unserer Kultur, unserem Geldbeutel oder auch von bestimmten Diätvorschriften ab. So ähnlich verhält es sich auch mit den psychischen Grundbedürfnissen. Sie bilden einen zentralen Baustein unserer psychischen Grundstruktur: Sie sind universell und gelten somit weltweit für jeden Menschen. Wie der oder die Einzelne sich jedoch diese Grundbedürfnisse erfüllt, hängt von individuellen und kulturellen Faktoren ab.

Auf welche Art und Weise du selbst deine psychischen Grundbedürfnisse erfüllst, wie gut sie in deiner Kindheit und Jugend von deinen Eltern erfüllt wurden, und wie das zusammenhängt, werden wir im Laufe dieses Buches erarbeiten.

Was braucht deine Psyche?

Ich möchte zunächst einmal ausführen – insbesondere für die Leser, die sich noch nicht so mit dem Thema auskennen –, welche psychischen Grundbedürfnisse wir überhaupt haben. Ich beziehe mich dabei auf den Psychologen und Psychotherapieforscher Professor Klaus Grawe. Er hat in seiner großartigen Arbeit vier psychische Grundbedürfnisse identifiziert, die unser psychisches Erleben steuern.[2]

Wo fühlst du dich zugehörig?

Damit wir überleben, benötigen wir Gemeinschaft. Der oder die Einzelne wäre alleine nicht überlebensfähig. Zu Beginn unseres Lebens sind wir vollkommen auf die Versorgung durch unsere Bezugspersonen angewiesen. Deswegen ist in jedem Menschen ein tiefes Bedürfnis nach Bindung und Zugehörigkeit verankert. Eng damit verbunden ist unser Wunsch nach Anerkennung. Wir streben nach Anerkennung, damit wir gemocht werden und Anschluss finden.

Unser erstes psychisches Grundbedürfnis ist das nach **Bindung**.

Selbsterkenntnis: Lerne deine psychologischen Grundbedürfnisse kennen!

Bitte beantworte die folgenden zwei Fragen für dich. Im Anschluss gibt es zwei Selbstheilungen, die dir dabei helfen können, den Schmerz des möglicherweise nicht ausreichend erfüllten Grundbedürfnisses zu lindern.

2 *Klaus Grawe bezieht sich in seiner Arbeit wiederum auf den US-Psychologen Seymour Epstein.*

→ 1. Wie gut fühlst du dich mit anderen Menschen verbunden? Fühlst du dich in deiner Familie, bei Freunden, bei deiner Arbeit willkommen und gemocht? Oder fühlst du dich häufig einsam?

→ 2. Hast du das Gefühl, dass du in Beziehungen authentisch sein darfst, oder meinst du, dich etwas verbiegen oder anstrengen zu müssen, um anerkannt zu werden?

HINWEIS: Die folgende Heilung ist eine Trance, zu der ich dich gerne einladen möchte. Du kannst sie dir entweder durchlesen und Schritt für Schritt mitmachen, oder du lädst dir die Audiodatei unter www.penguin.de/stahl-arbeitsbuch runter und hörst sie dir an, während du entspannt die Augen dabei schließt. Die Audio-Trance ist ausführlicher als der Text unten. Das gilt übrigens für alle Audiodateien der noch folgenden Trancen.

Selbstheilung: Dein Ort der Geborgenheit – als Audio-Trance verfügbar

Achte auf deine Atmung. Lass deinen Atem einfach fließen und entspann dich. Wenn du magst, kannst du deine Hände auf deine Herzregion legen. Dein Herz ist ganz sicher und beschützt von deinen Händen! Du bist für dich da. Öffne dein Herz und lass dich von der Wärme und Geborgenheit, die du dir gibst, an einen Ort treiben, der sich für dich ganz sicher und wohlig anfühlt. Das kann ein Ort sein, den du bereits kennst, oder ein Ort, den du dir in deiner Vorstellung ausmalst, der zwar neu für dich ist, dir aber ganz automatisch das Gefühl von Geborgenheit vermittelt.

Ganz egal, wo du jetzt bist, du fühlst dich dort sicher und verbunden, mehr und mehr heimisch. Lass dich überraschen, wo du dich wiederfindest. Vielleicht bist du in der Natur, hörst Bäume rascheln, fühlst den Sonnenschein auf deiner Haut, hörst Vögel zwitschern und schaust in die wundervolle Ferne. Vielleicht bist du aber auch ganz beschützt unter Decken eingekuschelt, hörst das Kaminfeuer knistern, spürst die Wärme auf deiner Haut und streichelst dein geliebtes Haustier, das sich fest an dich schmiegt.

Nimm dir Zeit, deinen Wohlfühlort in deinem Geist lebendig werden zu lassen. Sieh vor deinem inneren Auge das Licht- und Schattenspiel, hör die Wohlklänge deines Wohlfühlortes und erschnuppere den Duft, der dir Sicherheit schenkt. Benutze all deine Sinne, um einzutauchen. Alles ist hier möglich. Es gibt kein Richtig oder Falsch. Denn es ist dein Ort, an dem du dich geborgen und willkommen fühlst.

Wenn du magst, schließ jetzt die Augen und tauch ganz in deine Vorstellung ein. Genieße diesen Augenblick ganz bewusst und atme tief ein und wieder aus. Nimm mit jeder Einatmung Wohlbefinden auf und lass mit jeder Ausatmung ein Wohlgefühl von Geborgenheit und Sicherheit durch deinen Körper strömen.

Wenn du bereit bist, langsam aus deiner Vorstellung in das Hier und Jetzt zurückzukehren, nimm dir einen Moment Zeit, um dich zu bedanken für die

Erfahrung der Geborgenheit, die du gemacht hast. Kehr mit einem Gefühl der inneren Ruhe und Sicherheit wieder in die Gegenwart zurück. Fang an, deinen Körper leicht zu bewegen: Strecke und recke dich, wenn du magst, und öffne behutsam die Augen, falls du sie noch geschlossen hast.

Immer wenn du dich allein oder abgelehnt fühlst, kannst du zurück an deinen Ort der Geborgenheit kommen. Er kann dir dabei helfen, unangenehme Gefühle zu regulieren, und dir wieder mehr Halt im gegenwärtigen Moment geben.

Selbstheilung: Sei du selbst

Auch wenn es Kontexte gibt, in denen wir uns anpassen und regulieren müssen, wie beispielsweise bei der Arbeit oder im Umgang mit unseren Kindern, ist es wichtig, dass wir im tiefsten Inneren wissen, dass wir authentisch sein dürfen. Das gilt auch auf der Arbeit. Wir sollten uns nicht verstellen oder anstrengen müssen, um von unseren Kollegen oder Freunden akzeptiert und gemocht zu werden.

Falls du aber das Gefühl hast, nicht du selbst sein zu dürfen, dann frag dich bitte, ob dein Umfeld tatsächlich Kritik an dir übt, oder ob du womöglich auf Gedanken reagierst, die aus deiner Vergangenheit stammen. Vielleicht hast du die Erfahrung gemacht, dass dein Umfeld dich nicht du selbst sein ließ und du dich anpassen musstest. Dadurch könnte dieses Grundgefühl in dir entstanden sein. Mach dir also bitte bewusst, dass du die vergangenen Erfahrungen auf das Heute überträgst, sie also projizierst – aber dass es nicht mehr so sein muss, wie du es mal erlebt hast. Man könnte sagen, dass du in solchen Momenten die Brille deiner Kindheitstage trägst, durch die du die Realität verzerrt wahrnimmst.

HINWEIS: **Das Innere Kind**

In meinem Buch »Das Kind in dir muss Heimat finden« beschäftige ich mich eingehend mit dem psychologischen Konzept des *Inneren Kindes*. Das Innere Kind repräsentiert die Summe unserer Kindheitserfahrungen, die wir im Positiven wie im Negativen in uns gespeichert haben und die wesentlich unseren Selbstwert und unser Selbstbild beeinflussen. In meinem Ansatz unterscheide ich zwischen dem *Schattenkind*, das den Teil unseres negativen Selbstbildes repräsentiert, und dem *Sonnenkind*, das für die positiven Anteile sowie für unsere Heilungsmöglichkeiten im Erwachsenenleben steht. Wenn der Anteil deiner negativ geprägten Vergangenheit getriggert ist – so wie es in der Selbstheilung oben beschrieben wurde –, betrachtest du die Welt aus deinen *Schattenkind-Augen*. Dein Schattenkind ist also in der Fachsprache eigentlich nur eine Verinnerlichung deiner negativen kindlichen Erfahrungen, die du im Umgang mit deinen Bezugspersonen gemacht hast. Wenn du dich intensiver mit deinem Schatten- und Sonnenkind beschäftigen möchtest, dann empfehle ich dir das oben genannte Buch sowie das dazugehörige Arbeitsbuch.

Leider ist es tatsächlich manchmal so, dass wir Leute in unserem Umfeld haben, die nicht nur erwarten, dass wir uns anpassen, sondern dies auch von uns verlangen. Hier ist es wichtig, mit klarem Verstand auf die Situation zu schauen und sich zu fragen: »Ist diese Anpassungserwartung wirklich gerechtfertigt und sinnvoll oder gebe ich mich selbst dadurch ein Stück weit auf? Kann ich auch mit dieser Anpassung noch authentisch ‚Ich' sein?« Authentizität, also man selbst sein zu können, ist auch für unser zweites psychisches Grundbedürfnis enorm wichtig.

Wie unabhängig bist du?

Wir Menschen hinterfragen uns und andere oft. Wir wollen nicht nur dazugehören, sondern auch unsere eigenen Ziele verfolgen. Dafür benötigen wir Autonomie und das Gefühl, die Kontrolle über unser Leben zu haben. Wir wollen uns nicht ohnmächtig und ausgeliefert fühlen.

Unser zweites psychisches Grundbedürfnis ist das nach **Autonomie und Kontrolle**. Wir benötigen Kontrolle, um selbstbestimmt handeln und Einfluss auf unsere Lebensgestaltung und unsere Beziehungen nehmen zu können.

Selbsterkenntnis: Hast du dein eigenes Leben in der Hand?

→ **1. Hast du insgesamt den Eindruck, dem Leben gewachsen zu sein und deine Probleme lösen zu können? Oder gibt es Bereiche, in denen du das Gefühl hast, keinen wirklichen Einfluss auf das nehmen zu können, was dir widerfährt? Welche sind das?**

→ **2. Kannst du auch mal gut Zeit alleine verbringen und dich mit dir selbst oder deinen Hobbys und Interessen beschäftigen? Oder fällt es dir schwer, alleine zu sein, weil du vielleicht gar nicht richtig weißt, was dir Spaß macht? Passt du dich den Bedürfnissen anderer stark an?**

Selbstheilung: Du bist stark

Mach dir klar, dass du heute groß bist und nicht mehr in deinen Kinderschuhen steckst, auch wenn es sich manchmal vielleicht noch so anfühlen mag. Erinnere dich an eine Situation, in der du ein Problem erfolgreich bewältigt hast und dich danach richtig stark gefühlt hast. Das muss kein großes Problem gewesen sein. Nimm einfach das erste, was dir hierzu einfällt.

Notiere diese Situation hier:

Fällt dir ein Symbol, ein Tier oder ein Wort ein, das du mit Stärke verbindest? Schreibe oder male deine Antwort hier auf:

Dieses Symbol, Tier oder Wort kann dir als Erinnerungshilfe an deine eigene Stärke dienen. Überlege, wo du deine Antwort noch notieren könntest, um dich im Alltag daran zu erinnern. Vielleicht magst du dir ein entsprechendes Hintergrundbild auf deinem Smartphone einrichten oder dir einen Zettel an deinen Spiegel kleben. Vielleicht kannst du das Symbol auch in Form eines Gegenstands bei dir tragen. Egal für was du dich entscheidest, mach dir klar: Du bist stark!

Selbstheilung: Geh auf Entdeckungsreise

Vielleicht hast du festgestellt, dass du Zeit alleine kaum aushältst, weil du einfach nichts mit dir anzufangen weißt. Dir fehlt der Zugang zu dir selbst. Vielleicht fragst du dich sogar manchmal, wer du überhaupt bist. Eine fehlende Verbindung zu uns selbst entsteht meist schon in der frühen Kindheit durch ein stark überangepasstes Verhalten. Im Verlauf des Arbeitsbuches wirst du noch mehr darüber erfahren. An dieser Stelle möchte ich dir zur Unterstützung ein Bild mit auf den Weg geben:

Stell dir vor, du wärst ein Entdecker auf Forschungsreise. Du machst dich für ein Abenteuer bereit, ohne zu wissen, was dich erwartet. Du bist gespannt auf die neuen Dinge, die du entdecken wirst, und freust dich auf die neuen Erfahrungen, auch wenn vielleicht nicht alle angenehm sein werden. Wie eine Entdeckerin darfst du dich ab heute einfach mal neu erfinden und ausprobieren. Geh zu neuen Orten, triff neue Leute, probiere neue Speisen, teste neue Hobbys. Und denk immer dran, du bist stark und du darfst das jetzt!

Welche Rolle spielt dein Selbstwert?

Jeder Mensch strebt danach, sich wertvoll zu fühlen. Das hängt eng mit unserem Bedürfnis nach Anerkennung zusammen. Kein Mensch mag Misserfolg oder Ablehnung. Unser Selbstwertgefühl wird im Kern von zwei Grundeinstellungen geprägt. Entweder: *Ich bin okay.* Oder: *Ich bin nicht okay.*

Unser drittes psychisches Grundbedürfnis ist das nach **Selbstwerterhöhung bzw. Selbststabilisierung.**

Du weißt inzwischen, wie die Übung funktioniert. Beantworte die folgenden zwei Fragen und versorge dein frustriertes Bedürfnis durch die Selbstheilungen.

Selbsterkenntnis: Erkunde dein Selbstwertgefühl

→ **1. Wie ist es um dein Selbstwertgefühl bestellt? Fühlst du dich im Großen und Ganzen okay, so wie du bist? Oder zweifelst du oft an dir?**

→ **2. Gibt es Bereiche, in denen du dich besonders anstrengst, um dein Selbstwertgefühl zu stabilisieren oder zu verbessern (Aussehen, Leistung, Sport, Gelderwerb, Prestige …)?**

Selbstheilung: Befrei dich vom verzerrten Spiegelbild

Falls dein Selbstwert wackelig ist, so beruht dies vermutlich auf schwierigen Botschaften aus deiner Vergangenheit. Unseren Selbstwert bekommen wir nämlich erst mit der Zeit beigebracht, durch unsere Erfahrungen mit unserem Umfeld. Wir betrachten uns wie durch einen Spiegel, den uns das Umfeld vorhält. Wenn deine Eltern oder andere wichtige Personen dir nicht das Gefühl vermittelt haben, dass du für sie wertvoll bist, wirst du dies wahrscheinlich leider verinnerlicht haben, auch wenn das nichts über deinen eigentlichen Wert als Mensch aussagt.

Mach dir also bewusst, dass dein wackeliges Selbstwertgefühl nur eine Illusion ist. Es ist ein Trugschluss. Dreh den Spiegel, den deine Eltern (oder andere Bezugspersonen) dir vorgehalten haben, um: Er sagt vielmehr etwas über sie aus als über dich! Dein Wert bleibt unantastbar, egal welchen Eindruck dir dein Umfeld geben mag!

Selbstheilung: »Ich bin wertvoll«

Schließ die Augen und sag dir mit liebevoller Stimme:

»Ich darf so sein, wie ich bin. Mein Wert ist unantastbar. Weder das Verhalten meines Umfelds noch mein Aussehen, mein Besitz oder meine Leistung sagen etwas über meinen Wert aus. Auch mein Gefühl bestimmt nicht meinen Selbstwert. Ich fühle mich so, weil ich negative Erfahrungen gemacht habe. Ich weiß aber, dass ich in meinem Kern genauso wertvoll bin wie andere. Dieses Wissen lasse ich zu.«

Es ist die Wahrheit: Du bist wertvoll.

Was packst du an – und was nicht?

Wir alle streben nach guten Gefühlen wie Freude, Entspannung oder Liebe und wollen ungute Gefühle wie Angst, Trauer oder Scham gerne vermeiden. Wir möchten also *Lustgefühle* bekommen und *Unlustgefühle* vermeiden. Das mag auf den ersten Blick banal klingen, aber dieser Fakt hat wichtige Konsequenzen für unser Verhalten.

Unser viertes psychisches Grundbedürfnis ist das nach **Lustgewinn und Unlustvermeidung.**

Selbsterkenntnis: Dein Umgang mit unangenehmen und positiven Emotionen

→ **1. Gibt es Dinge, die du gern mal auf die lange Bank schiebst und am liebsten vermeiden würdest? Hast du die Post wieder einmal ungeöffnet in die Schublade gelegt, deinen Zahnarzttermin schon zum zweiten Mal verschoben? Drückst du dich vor einem anstehenden Konfliktgespräch? Was vermeidest du? Und umgekehrt: Was gehst du sofort an und erledigst es mit Vergnügen (auch wenn es ggf. herausfordernd ist)?**

→ 2. Was tust du, um Unangenehmes aufzuschieben?

Immer dann, wenn wir Dinge auf die lange Bank schieben, obwohl wir wissen, dass sie früher oder später von uns angegangen werden müssen, stellen sich unangenehme Gefühle ein. Wir fühlen uns schuldig und haben ein schlechtes Gewissen. Der eine oder andere würde sich hier vielleicht als faul oder als von der Situation überfordert beschreiben. Da wir auch diese »unlustvollen« Gefühle möglichst vermeiden wollen, versuchen sich viele instinktiv abzulenken und stattdessen »lustvolle«, also positive Emotionen herzustellen. Einige flüchten sich in Süchte (Drogen-/ Konsum-/ Essrausch); andere lenken sich durch permanente Stimulation ab (TV, Musik, Handy) und versuchen, immer beschäftigt zu sein (Hobbys, Arbeit, Sport); wieder andere suchen den »Kick«, um sich besser zu fühlen (Extremsport, Pornografie). Natürlich muss es nicht immer so extrem sein.

Mit was schaffst du dir wieder lustvolle Gefühle?

____

____

____

HINWEIS: Ob wir etwas gern machen oder lieber vor uns herschieben, hängt oft weniger mit der Tätigkeit an sich zusammen, als vielmehr mit den Emotionen, die mit der Aktivität einhergehen. Mit welchen Emotionen du gut klarkommst und welche du am liebsten vermeidest, werden wir im Verlauf des Buches erarbeiten. In jedem Fall ist es wichtig, Gefühle zuzulassen. Denn nur so können wir lernen, dass unsere Gefühle keine Bösewichte sind, sondern wir schon so groß sind, dass wir Platz für sie haben und mit ihnen umgehen können. Wir können also die Dinge auch trotz unangenehmer Emotionen schaffen. Vielleicht mag dir das gerade noch nicht so erscheinen, doch mithilfe dieses Arbeitsbuches wirst du immer mehr über deine Emotionen und den Umgang mit ihnen lernen.

Selbstheilung: Mach es dir leicht

Um Unangenehmes nicht zu lange vor sich herzuschieben, ist es hilfreich, den Aufwand und die damit einhergehende Unlust möglichst kleinzuhalten. Anstatt dir vorzunehmen, am Wochenende die ganze Wohnung richtig auf Vordermann zu bringen, fang lieber erstmal klein ein. Nimm dir zum Beispiel vor, jeden Tag 15 Minuten aufzuräumen, oder suche dir jeden Tag eine Kleinigkeit aus, die du aufräumen willst, wie zum Beispiel den Küchentresen anstatt die ganze Küche. So ist der Berg der Überwindung bereits etwas kleiner.

Mach dir außerdem klar, warum du das überhaupt machen möchtest. Leg also den Fokus auf die Lust! Statt »Ich muss heute endlich mal aufräumen« könntest du zum Beispiel sagen: »Ich freue mich darauf, wieder mehr Platz und einen schönen Anblick zu haben.« So wird die Motivation dahinter viel spürbarer und die Unlust kann etwas in den Hintergrund treten.

Selbstheilung: Das Gefühl danach (»afterwards-feeling«)

Wie fühlst du dich eigentlich, wenn du die unerledigte Aufgabe immer weiter vor dir herschiebst? Lass das Gefühl mal zu und spür es deutlich. Wahrscheinlich fühlt es sich nicht so gut an. Je länger du etwas aufschiebst, desto mehr Druck und Stress entsteht in dir, und vielleicht folgen sogar negative Konsequenzen.

Nun stell dir mal vor, du hättest die Aufgabe schon hinter dich gebracht. Sie ist endlich erledigt und du kannst sie aus deinem Kopf streichen und ein Häkchen dahinter setzen. Wie fühlst du dich jetzt, wenn du dir das einmal vorstellst? Gib dem Gefühl in dir Raum, verstärke es noch.

Notiere das Gefühl hier: ______________________________

Wahrscheinlich wirst du eine Erleichterung gespürt haben. Solche »afterwards-feelings« können dir dabei helfen, dich vorab zu motivieren und Aufschieberitis gar nicht erst aufkommen zu lassen.

Bis hierhin hast du dich mit den vier psychischen Grundbedürfnissen und ihrer Bedeutung für deinen Lebensalltag beschäftigt. Wir wünschen uns gute Beziehungen. Wir brauchen das Gefühl, Einfluss und Kontrolle über unser Leben zu haben. Wir möchten uns wertvoll fühlen und streben nach Zufriedenheit und Glück.

Aber was passiert eigentlich, wenn unsere Grundbedürfnisse nicht erfüllt sind?

Wenn eines unserer Grundbedürfnisse nicht erfüllt ist, entsteht ein Gefühl von Anspannung. Diesen Zustand bezeichnen wir in der Psychologie als **Inkonsistenz.**[3] Bildlich vorgestellt, kann man ihn mit einem Gummiband vergleichen: Der Wunsch zieht in die eine Richtung und die Realität in eine andere. Je stärker der Wunsch ist und je größer die Abweichung von der Realität, desto mehr Spannung beziehungsweise Stress entsteht.

3 *Das Inkonsistenzprinzip geht auf Klaus Grawe zurück.*

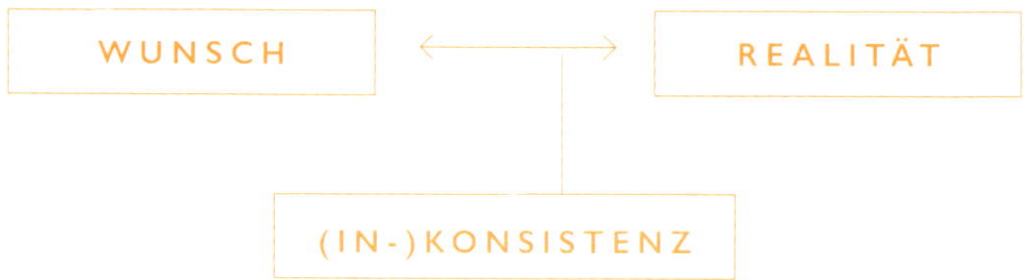

Unser ganzes psychisches System ist darauf ausgerichtet, Konsistenz herzustellen, also eine Übereinstimmung von unseren Bedürfnissen und der äußeren Realität. Inkonsistenz entsteht aber nicht nur, wenn ein Wunsch an der Wirklichkeit zerschellt, sondern auch, wenn ich verschiedene Wünsche habe, die schlecht zu vereinbaren sind. Das ist beispielsweise der Fall, wenn ich mich am liebsten von Süßigkeiten ernähren würde, aber gleichzeitig gesund und fit bleiben will.

Hier sind ein paar typische Konflikte, die Inkonsistenz also Stress erzeugen. Die Beispiele können dir Anregungen geben, was auf deine Lebenssituation zutrifft.

→ Ich will etwas und bekomme es nicht.
→ Beispiel: Ich sehne mich nach einer Beziehung und finde keinen Partner.
→ Ich bekomme etwas, das ich nicht will.
→ Beispiel: eine harsche Kritik von meiner Vorgesetzten, eine Krankheit oder eine Absage.
→ Ich kann eine Situation nicht einschätzen.
→ Beispiel: Ich bin mir sehr unsicher, ob ich meiner Arbeitskollegin vertrauen kann.
→ Ich habe Wünsche, die sich nicht gut vereinbaren lassen.
→ Beispiel: Ich möchte eine treuer Partner sein und gleichzeitig ein Verhältnis mit meiner Kollegin anfangen.
→ Ich wünsche mir etwas und habe zugleich Angst davor.
→ Beispiel: Ich möchte eine Beziehung eingehen und habe große Angst, enttäuscht zu werden.

- Ich möchte ein Ziel erreichen und habe Angst, es nicht zu schaffen.
- Beispiel: Ich möchte eine Beförderung und habe Angst, den Anforderungen nicht gewachsen zu sein.

Im nächsten Kapitel möchte ich dich bitten, dass du dein persönliches Thema notierst, das du in diesem Buch bearbeiten möchtest. Vielleicht sind es auch mehrere. In jedem Fall löst dein Thema oder lösen deine Themen ein Gefühl von Inkonsistenz in dir aus, das du beseitigen möchtest.

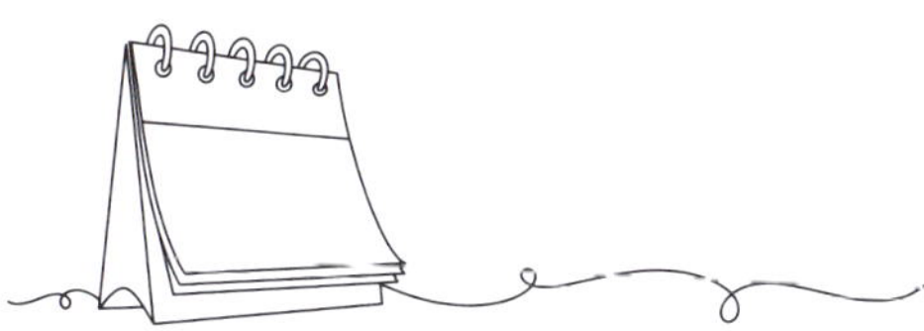

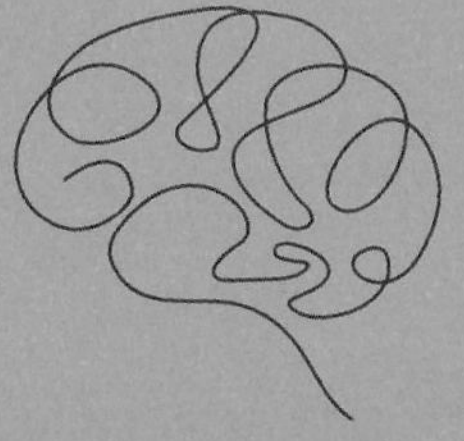

Was ist dein Thema?

Selbsterkenntnis: Was möchte ich bearbeiten?

Bitte denk jetzt an ein Problem, das du hast. Vielleicht gibt es sogar eine ganz konkrete Situation, die du in diesem Buch bearbeiten möchtest. Vielleicht ist dein Problem aber auch, dass du einfach ein diffuses Unwohlsein verspürst und gar nicht weißt, warum, weil in deinem Leben doch scheinbar alles gut läuft. Auch das kannst du so formulieren. Notier hier einfach mal, was du mit diesem Buch bearbeiten möchtest. Falls du mehrere Themen hast, notier sie hintereinander. Beim Durcharbeiten dieses Buches wirst du wahrscheinlich feststellen, dass sie auf gemeinsame Ursachen zurückzuführen sind.

____

____

____

____

Selbsterkenntnis: Was ist deine Inkonsistenz?

Überprüfe nun, ob einer der oben aufgeführten Inkonsistenzkonflikte auf dein Thema zutrifft oder ob du einen anderen Konflikt erlebst, der bei dir Inkonsistenz erzeugt. Versuch einmal den Konflikt, also die Inkonsistenz, die mit deinem Thema einhergeht, hier in Worte zu fassen.

____

____

____

Selbstheilung: Bewerte den Fall neu

→ **1. Schritt:** **Vergegenwärtige dir deinen inneren Konflikt, deine Inkonsistenz. Fühle sie und erforsche sie wie ein Forscher. Wie fühlst du dich?**

Wo im Körper fühlst du deine Gefühle? (Z.B.: Ich spüre eine Enge im Brustbereich.)

____

Wie interpretierst oder bewertest du die Situation? (Z.B.: Die anderen respektieren mich nicht.)

____

Was sind deine Erwartungen? (Z.B.: Ich erwarte, dass sie mich nicht dabeihaben wollen.)

____

Bevor du den zweiten Schritt machst, schüttele dich einmal aus. Wenn du magst, kannst du deinen Körper von Kopf bis Fuß abklopfen und dir danach überlegen, was du genau an diesem Tag letzte Woche gegessen hast. Und was hattest du an dem Tag eigentlich an? Diese Fragen mögen etwas merkwürdig klingen und vielleicht fragst du dich, was das jetzt soll? Hier geht es um den Überraschungs- und Ablenkungseffekt. Das aktive Nachdenken hilft dir dabei, aus deinen Gefühlen wieder auszusteigen.

→ **2. Schritt:** **Du nimmst nun eine Metaperspektive ein, auch bekannt als Vogelperspektive. Du betrachtest das Geschehen von außen bzw. von oben aus einer Distanz heraus. Nimm hier mithilfe deines klar denkenden Verstandes eine möglichst neutrale Haltung ein. Stell dir dazu vor, du wärst dein eigener Coach und würdest den Fall anhand der Fakten beurteilen.**

Wie würdest du als beobachtender Coach die Situation einschätzen?

(Z.B.: Du hast dich bislang kleingehalten und dir wenig Respekt verschafft.)

____

____

Was würdest du dir als Coach empfehlen?

(Z.B.: Begib dich mehr auf Augenhöhe und äußere deine Meinung.)

____

____

Diese Intervention hilft dir dabei, aus intensiven Gefühlen auszusteigen und durch etwas Distanz wieder einen klareren Blick für die Situation zu bekommen. Du kannst so zu mehr Wahlfreiheit und einer realistischeren Einschätzung kommen, die nicht durch deine aktuelle Gefühlslage überschattet ist. Etliche Übungen in diesem Buch werden noch darüber hinausgehen: Sie werden dir helfen, deine Erkenntnisse auch in deinen Gefühlen und deinem Handeln zu verankern. An dieser Stelle liegt unser Fokus darauf, dass dein Verstand weniger voreingenommen und klarer sieht.

Im Folgenden werden wir auf der Ebene der vier psychischen Grundbedürfnisse dein Thema genauer unter die Lupe nehmen.

Welche Bedürfnisse spielen bei deinem Thema eine Rolle?

Selbsterkenntnis:

Geh die vier psychischen Grundbedürfnisse gedanklich durch und überlege, welches davon eine Rolle bei deinem Thema spielen könnte. Wenn du magst, notiere sie hier:

____

____

Wir werden nun in jedes der psychischen Grundbedürfnisse eintauchen und näher auf die Bedeutung für dein psychisches Erleben und dein spezifisches Thema eingehen.

Bindung

Nun wollen wir uns dem existenziellen menschlichen Grundbedürfnis nach Bindung und Zugehörigkeit widmen. Jeder Mensch strebt nach Bindung und Verbundenheit. Einsamkeit hat vor Urzeiten den Tod bedeutet. Deswegen suchen wir alle bewusst oder unbewusst ständig nach Anschluss an eine Gemeinschaft.

Bindung findet über Gefühle statt. Empathie, Vertrauen und Wärme sind die Grundzutaten für ein gutes Bindungsgefühl. Wie wir uns mit anderen Menschen verbinden, hängt wesentlich von unseren frühen Bindungserfahrungen ab. Eine Verbindung zu anderen Menschen kann nicht ohne Verbindung zu uns selbst gelingen. Verbindung mit uns selbst bedeutet, dass wir einen guten Zugang zu all unseren Gefühlen haben und spüren können, wie es uns geht. Ungünstige, möglicherweise sogar traumatische Bindungserfahrungen können dazu führen, dass man sich als Kind von seinem Gefühlsleben abspaltet, um das eigene emotionale Überleben zu sichern. Dies ist ein sehr sinnvoller Schutzmechanismus, um sich vor überwältigenden Gefühlen wie Angst, Schmerz und abgrundtiefer Verlassenheit zu bewahren. Hat sich dieser Schutzmechanismus jedoch tief ins Gehirn eingespurt, dann hat man auch als Erwachsener wenig Zugang zu seinen Gefühlen.

Selbsterkenntnis: Wie nimmst du dein Gefühlsleben wahr?

Nimmst du das gesamte Spektrum an Gefühlen (Freude, Liebe, Trauer, Angst, Wut/Ärger, Scham, Schuld, Eifersucht …) bewusst wahr oder gibt es Gefühle, die du selten oder kaum fühlen kannst? Gibt es vielleicht auch Gefühle, die dich zu stark beherrschen?

Ein paar Beispiele: Leidest du schon lange unter Einsamkeitsgefühlen? Oder unter Liebeskummer? Hast du immer wieder Wutanfälle? Hast du starke Verlustangst oder Eifersucht? Trägst du ständig Schuldgefühle mit dir herum? Bist du im Kontakt mit anderen häufig unsicher und schämst dich schnell? Oder gibt es Gefühle, die du kaum zulassen und wahrnehmen kannst? Unterdrückst du womöglich deine Wut, auch wenn du dich ungerecht behandelt fühlst? Blendest du Kummer und Trauer aus?

Notiere deine Antworten hier:

Selbstheilung: Es ist okay

Bitte mach dir bewusst, dass jedes Gefühl okay ist, egal was gerade bei dir hochkommt oder spürbar ist. Das gilt auch für unangenehme Gefühle, die ihren Ursprung oft in schmerzlichen Erfahrungen haben, die du leider gemacht hast. Das ist nicht schön, aber so ist es. Du bist ein Mensch mit Gefühlen und das ist gut so.

Wenn bei dir keine oder nur sehr schwache Gefühle aufgetaucht sind, ist das auch in Ordnung. Gefühlsvermeidung und ein schlechter Zugang zu den eigenen Gefühlen haben häufig ebenfalls ihren Ursprung in schmerzlichen Erfahrungen der Vergangenheit und dienen daher als Schutz vor eben diesen Erinnerungen. Wie du an deine Gefühle besser herankommst, um deine Erlebnisse zu verarbeiten, wirst du in den kommenden Heilungen noch lernen.

Die ersten Lebensjahre entscheiden darüber, ob man mit Bindung ein sicheres und wohliges Gefühl verbindet oder ein unsicheres und ungutes Gefühl. Wenn wir Glück haben, sind unsere Eltern liebevoll und umsorgend. Bei solchen Eltern entsteht im Baby ein Gefühl von Willkommensein. Die Interaktion zwischen dem Kind und den Eltern findet in den ersten Lebensjahren auf einer sehr körperlichen Ebene statt: Füttern, Waschen, Wickeln und – ganz wichtig – Streicheln und Kuscheln. So erfährt das Kind an seinem ganzen Körper, dass es geliebt und willkommen ist. Unter dieser Bedingung entwickelt es das sogenannte **Urvertrauen**. Urvertrauen lässt sich als Lebensgefühl in etwa so beschreiben: »Ich bin gut so, wie ich bin, und da draußen gibt es Menschen, auf die ich mich verlassen kann.« Menschen mit Urvertrauen vertrauen sich selbst und können auch anderen Vertrauen schenken. Sie fühlen sich dem Leben gewachsen, sie sind vital und offen für neue Erfahrungen.

Sind die Eltern hingegen wenig einfühlsam und wenig präsent, dann fühlt sich das Kind häufig allein gelassen und ausgeliefert. Es entsteht keine richtige Verbundenheit zu den Eltern und dadurch auch keine Verbundenheit zu sich selbst. In extremen Fällen entwickelt das kleine Kind kein richtiges

Nähebedürfnis. Zum Selbstschutz vor andauernder Frustration hat es früh gelernt, sein Nähebedürfnis zu unterdrücken, sodass sich die entsprechenden neuronalen Verknüpfungen für dieses Bedürfnis nur sehr schwach ausbilden. Diese Menschen verspüren kaum Verbundenheit mit anderen Menschen und sie sind weit weg von ihren Gefühlen. In weniger dramatischen Fällen entwickelt das Kind eine allgemeine Unsicherheit in Bezug auf die eigenen Gefühle und in Bezug auf andere Menschen. Im Erwachsenenalter leiden diese Menschen häufig unter Selbstzweifeln. Ihr Gefühlsleben ist entweder zu gedämpft oder zu intensiv. Sie haben Probleme, gesunde Grenzen zu setzen, und es fällt ihnen schwer, anderen zu vertrauen.

Selbsterkenntnis: Was hat dich geprägt?

Wie ist das bei dir, wenn du an deine Kindheit denkst? Welche emotionale Temperatur hatte dein Elternhaus?

Mit was assoziierst du Bindung? Kreuze an:

☐ mit Geborgenheit und Vertrauen
☐ mit Verlassenheit und Misstrauen
☐ sowohl als auch
☐ keins von beiden, sondern mit: ____________________

Beim Ankreuzen dieser Frage werden bei dir die unterschiedlichsten Gefühle hochgekommen sein, je nachdem, welche Erinnerungen du an deine Kindheit hast. Vielleicht wirst du ein wohliges Gefühl und Freude empfunden haben. Vielleicht hast du aber auch Trauer, Wut oder Angst in dir wahrgenommen. Oder du erlebst ein Wechselbad der Gefühle, von angenehmen Emotionen bis hin zu Enttäuschung oder Frustration. Nimm hier gern einen tiefen Atemzug und distanziere dich wieder von deiner Erinnerung. Blick dich in dem Raum um, in dem du dich befindest, und komm wieder ins Hier und Jetzt.

Gerade wenn deine Bindungen eher unsicher waren, kann es sein, dass du häufig unter Gefühlen der Leere, Einsamkeit oder auch unter starker Anspannung leidest. Vielleicht machen dir auch heute noch Beziehungen zu anderen zu schaffen, weil du dich nie richtig wohl oder angenommen fühlst. In dem Fall kann es helfen, sich klarzumachen, dass der Ursprung von diesen Gefühlen und Schwierigkeiten in der Vergangenheit liegt. Du kannst nichts für die Bindungsfähigkeit deiner Eltern. Vielleicht konnten sie gut für dich da sein und dir das Gefühl vermitteln, willkommen und liebenswert zu sein. Vielleicht waren sie aber auch abwesend oder sehr fordernd, sodass keine sichere und liebevolle Bindung zu ihnen entstehen konnte. ES IST NICHT DEINE SCHULD. Die Verantwortung dafür liegt bei deinen Eltern.

HINWEIS: Auch wenn du eine sichere und liebevolle Bindung erlebt hast, kannst du die nächste Selbstheilung nutzen, um dir die angenehmen Gefühle, die mit deinen Bindungen einhergehen, noch mal ganz bewusst zu machen und zu genießen. Auch diese Heilung ist von mir eingesprochen worden. Wenn du magst, lade sie dir auf www.penguin.de/stahl-arbeitsbuch runter und hör sie dir ganz in Ruhe an.

Selbstheilung: Sich mit den Händen Halt schenken – als Audio-Trance verfügbar

Heute bist du kein Kind mehr, sondern erwachsen. Du bist nicht mehr abhängig von anderen, sondern sorgst selbst für dich. Halte das gedanklich fest und mach dir bewusst, dass du dir selbst Halt und Trost geben kannst. Dafür brauchst du deine Eltern nicht mehr. Nimm zwei tiefe Atemzüge. Setz dich ganz bequem hin. Atme in dieser Position wieder ganz tief ein und ruhig aus.

Schau mal, ob du eine körperliche Berührung findest, die dir in dieser Position guttut, um dich sicher und geborgen zu fühlen. Probier einfach mal aus, was sich für dich gut anfühlt. Vielleicht magst du die Hände auf deinen Bauch legen. Sie können deinen Bauch wärmen wie eine Wärmflasche. Und über die Hände spürst du deine Atemzüge. Und weil die Hände dir Ruhe vermitteln, wird deine Atmung ruhig und regelmäßig, angenehm und liebevoll. Vielleicht fühlt sich aber auch eine andere Berührung gut für dich an: Du kannst dein Gesicht sanft mit beiden Händen halten, die Wärme deiner Haut spüren und deinen Kopf etwas entlasten und stützen. Vielleicht magst du auch einfach die Arme um den Brustkorb schlingen, dich ganz feste halten und dabei deine Arme streicheln. Du schenkst dir eine warme Umarmung, eine wohltuende Geste und bist ganz sanft zu dir. Du spürst, wie du für dich da bist und dir einen Moment lang Halt und Geborgenheit gibst. Wenn du magst, schließ die Augen und genieß deine Berührung noch für einige Atemzüge.

Wie einfühlsam und wie gut konnten sich deine Eltern auf dich einstimmen?

Einfühlungsvermögen beziehungsweise Feinfühligkeit ist eine der wichtigsten Fähigkeiten, die Eltern besitzen müssen, damit ein Kind psychisch gut gedeihen kann.

An alle Eltern, die jetzt ins Grübeln gekommen sind und Sorge haben, ob sie auch feinfühlig genug waren: Natürlich verpassen auch empathische Eltern öfter mal ein Signal ihres Kindes und das ist auch gar nicht weiter schlimm. Der berühmte Pädagoge Jesper Juul hat immer wieder betont, dass sich Eltern jeden Tag etliche Fehler leisten dürfen und nicht perfekt sein müssen. Nachhaltige Schäden können erst entstehen, wenn keine Wiederherstellung der Einstimmung eintritt oder überhaupt keine Einstimmung stattfindet. Dann kann sich nämlich auch kein sicheres Vertrauen in die Bindung bilden.

Du kannst dir den Einstimmungsprozess zu deinen Eltern wie einen Tanz vorstellen, den ihr ab deiner Geburt zusammen tanzt. Deine Eltern kennen bereits die Schrittfolge des Walzers und bringen dir diesen Tanz bei. Wichtig beim Tanzen ist nicht, dass ihr keine Fehler macht oder nie aus dem Takt geratet, sondern dass ihr euch nach einem »Patzer« wieder aufeinander einstimmt und den gemeinsamen Rhythmus wiederfindet. Je besser Eltern ihre Kinder führen und je besser sie auf den individuellen Tanzstil des Kindes eingehen können, desto harmonischer gelingt das Tanzen und umso sicherer erlebt das Kind die Bindung zu den Eltern.

Auch in erwachsenen Beziehungen gilt, dass nicht immer das völlig reibungslose und harmonische Miteinander die Basis des Vertrauens ist, sondern die Fähigkeit, sich wieder aufeinander einzustimmen, wenn es vorübergehend zu Problemen gekommen ist. Wer das in seinem Elternhaus nicht erfahren hat, bildet wenig Vertrauen aus, dass Beziehungen Konflikte aushalten.

Selbsterkenntnis: Mein Tanz mit Mama und Papa

Überleg nun einmal, wie das bei dir und deinen Eltern mit dem Tanzen und der Einstimmung war. Auf einer Skala von 0 – 10, wie feinfühlig waren deine Eltern? Wie gut konnten sich deine Eltern dir wieder feinfühlig zuwenden, zum Beispiel nach einem Streit?

Überleg auch, wie du deine Eltern einzeln erlebt hast. Vielleicht konnte sich dein Vater ganz anders einstimmen als deine Mutter.

Vielleicht hast du sofort ein Gefühl dafür, welche Zahl hier passend ist. Falls dem nicht so ist, kann es helfen, wenn du dir zwei oder drei konkrete Situationen aus deiner Kindheit ins Gedächtnis rufst: angenehme und unangenehme. Dann wirst du spüren, ob deine Eltern feinfühlig auf dich eingehen konnten oder eher nicht.

Wie feinfühlig waren meine Eltern?

☹ 0	1	2	3	4	5	6	7	8	9	10 ☺

Selbstheilung: Du bist nicht schuld!

Falls du dich jetzt traurig fühlst, weil deine Eltern nicht besonders einfühlsam waren, mach dir bitte klar, dass dies nicht deine Schuld gewesen ist. Wenn es deinen Eltern nicht gelungen ist, sich richtig auf dich einzustimmen, so hat das etwas mit ihrer eigenen Geschichte zu tun. Der Mangel an Feinfühligkeit gehört zu ihnen, nicht zu dir. Er sagt nichts über deinen Wert aus.

Lass die Gefühle, die in dir auftauchen, ruhig einen Moment lang zu und sag dir ganz mitfühlend: »Ja, so war das!« Es ist sinnlos, innerlich im Widerstand gegen Umstände zu sein, die wir nicht verändern können. Du reagierst auf deine Gedanken, die in der Vergangenheit verweilen. Komm wieder ins Hier und Jetzt!

Wie verfügbar waren deine Eltern?

Neben der Feinfühligkeit ist für ein Kind natürlich auch die Verfügbarkeit der Eltern wichtig. Viele Eltern haben für ihre Kinder weniger Zeit, als sie gern hätten, weil sie für die finanzielle Absicherung der Familie viel arbeiten müssen. Das muss kein Problem darstellen. Sicherheit entsteht nämlich in den Momenten, in denen wir als Kinder spüren, dass unsere Eltern für uns da sind: dass sie feinfühlig und zuverlässig auf uns reagieren und unsere Bedürfnisse nach körperlichem Wohl und liebevoller Zuwendung erfüllen. Dann wissen und spüren wir, dass wir uns auf sie verlassen können, und übertragen dieses Gefühl auch auf andere Menschen. Gleichwohl ist die Verfügbarkeit der Eltern wichtig. Wenn die Eltern wenig verfügbar sind, geben sich Kinder hierfür häufig selbst die Schuld. Sie meinen dann, sie wären es ihren Eltern nicht wert.

Selbsterkenntnis: Wie verfügbar waren deine Eltern?

Auf einer Skala von 0 – 10, wie verlässlich und verfügbar waren deine Eltern für dich? Auch hier kann es hilfreich sein, wenn du dir einige konkrete Situationen aus deiner Kindheit ins Gedächtnis rufst.

Wie verfügbar waren meine Eltern?

☹ 0	1	2	3	4	5	6	7	8	9	10 ☺

Selbstheilung: Verbinde dich

Vielleicht kommen gerade alte Gefühle von Einsamkeit in dir hoch, dann geh bitte wieder in die Haltung der Akzeptanz und sage dir mit liebevoller Stimme: *Ja, so war das!* Wenn du magst, umarme dich selbst oder nutze deine wohltuende Berührung aus der Heilung »Sich mit den Händen Halt schenken« (Seite 41). Spüre dich. Atme. Nimm dir Zeit und verweile einen Augenblick in der Verbindung mit dir selbst.

Nun geh innerlich in Verbindung mit schönen Momenten, die du mit deinen Eltern oder einem Elternteil hattest. Tauch in die Bilder und Gefühle ein. Werde dir der schönen Dinge bewusst, die du mit deinen Eltern erlebt hast, und sei dankbar für das, was sie dir positiv mit auf den Weg gegeben haben.

Falls deine Beziehung zu deinen Eltern zu schwierig, vielleicht sogar traumatischer Natur gewesen ist, dann verbinde dich innerlich mit einem Menschen, der für dich eindeutig positiv besetzt ist. Vielleicht gab es ein anderes Familienmitglied (oder eine andere Person), die dir viel Wärme und Verständnis gespendet hat. Tauch in diese Verbindung innerlich ein und spür die Zuneigung und Liebe, die dir dieser Mensch gegeben hat. Du kannst dich innerlich natürlich auch mit der Natur oder Tieren verbinden. Mach dir bewusst, dass die Verletzungen in der Vergangenheit liegen. Heute hast du alles, was du benötigst, um mit lieben Menschen in Verbindung zu gehen.

Bisher konntest du überlegen, ob du mit Bindungen eher etwas Positives (Geborgenheit und Vertrauen) oder eher etwas Negatives (Verlassenheit und Misstrauen) verbindest. Außerdem hast du bereits eingeschätzt, wie verfügbar deine Eltern für dich waren und wie einfühlsam sie auf dich eingehen konnten. Nun wollen wir schauen, wie sich deine Erfahrungen auf deine Bindung ausgewirkt haben.

Bist du sicher oder unsicher gebunden?

Der Bindungsstil, den man als Kind erworben hat, bleibt häufig über die Lebensspanne stabil. Allerdings kann er sich durch sehr positive oder sehr negative Beziehungserfahrungen im Erwachsenenalter noch in die eine oder andere Richtung verändern. Zudem kann man den Bindungsstil durch Selbstreflexion und Übungen positiv verändern, so beispielsweise mithilfe dieses Buches.

Selbsterkenntnis: Die sichere Bindung

Folgende Sätze treffen auf Menschen zu, die sich sicher gebunden fühlen. Schau bitte, ob du dich durch sie beschrieben fühlst. Wenn einer davon auf dich zutrifft, kreuz ihn gern an.

- [ ] Ich fühle mich wertvoll.
- [ ] Ich habe das Gefühl, Einfluss auf meine Beziehungen nehmen zu können.
- [ ] Ich kann anderen Menschen vertrauen.
- [ ] Ich fühle mich dem Leben gewachsen.
- [ ] Ich habe Zugang zu all meinen Gefühlen.
- [ ] Ich habe Lebensfreude.

- [ ] Ich bin offen für neue Erfahrungen.
- [ ] Ich fühle mich sicher.
- [ ] Ich kann Nein sagen und meine Grenzen deutlich machen.
- [ ] Ich kann auch mal gut alleine sein.
- [ ] Ich traue mich, meine Bedürfnisse zu äußern.
- [ ] Kritik wirft mich nicht sofort aus der Bahn.
- [ ] Ich bin davon überzeugt, dass Beziehungen belastbar sind und dass sie Streit aushalten können.

Selbstheilung: Dankbarkeit

Falls du feststellst, dass du einen sicheren Bindungsstil erworben hast, dann darfst du an dieser Stelle einmal richtig dankbar sein. Nimm einen ganz bewussten, tiefen Atemzug, ziehe deine Mundwinkel nach oben und lächle einmal. Danke deinen Eltern für dieses Geschenk und freue dich darüber, was das für dein Leben bedeutet.

Folgende Sätze treffen auf Menschen zu, die sich unsicher gebunden fühlen. Schau bitte, ob du dich durch sie beschrieben fühlst. Wenn einer davon auf dich zutrifft, kreuz ihn gern an.

Selbsterkenntnis: Die unsichere Bindung

- [ ] Ich bin nicht okay.
- [ ] Ich fühle mich öfter unsicher im Umgang mit anderen Menschen.
- [ ] Anderen zu vertrauen, fällt mir schwer.
- [ ] Ich sehe eher pessimistisch in die Zukunft.
- [ ] Ich fühle mich selten zugehörig.
- [ ] Ich fühle meine Gefühle schlecht oder nur wenn ich alleine bin.

- [ ] Ich fühle manche Gefühle zu stark.
- [ ] Ich fühle manche Gefühle (z.B. Wut oder Trauer) gar nicht.
- [ ] Ich verspüre wenig Lebensfreude.
- [ ] Ich neige zu Perfektionsstreben.
- [ ] Ich versuche, es anderen Menschen recht zu machen.
- [ ] Ich benötige viel Kontrolle.
- [ ] Ich kann schlecht alleine sein.
- [ ] Ich bin am liebsten alleine, unter Menschen fühle ich mich schnell wie erdrückt.
- [ ] Ich habe ständig das Gefühl, funktionieren zu müssen.
- [ ] Langeweile halte ich kaum aus.

HINWEIS: Wie du vielleicht bemerkt hast, sind einige der Antwortmöglichkeiten bei der unsicheren Bindung sehr gegensätzlich, wie *»Ich bin am liebsten alleine«* und *»Ich kann schlecht alleine sein«*. Das liegt daran, dass die Unsicheren sich in zwei Unterkategorien unterteilen lassen. Nämlich in die **unsicher-vermeidenden** und die **unsicher-anklammernden** Bindungsstile.

Falls du unsicher-anklammernd gebunden bist, suchst du einen starken Halt in Beziehungen. Du hast häufig das Gefühl, dem Leben allein schlecht gewachsen zu sein und sehnst dich nach einem starken Halt im Außen. Deswegen läufst du auch Gefahr, in einer Liebesbeziehung stark zu klammern. Selbst wenn dir dein Partner nicht guttut, fällt es dir schwer, dich zu trennen. Wenn das auf dich zutrifft, nutze gerne die folgende Selbstheilung.

Selbstheilung: Du bist richtig

Du darfst dir ganz viel Selbstmitgefühl schenken. Erinnere dich: Du bist nicht der Fehler. Du bist richtig. Deine Eltern waren überfordert. Dir fehlt es an innerem Halt, weil dein Selbstwertgefühl niedrig ist. (Am Selbstwertgefühl werden wir noch arbeiten.)

Deinem inneren Halt helfen äußere Sinneswahrnehmungen: Spüre also, wie deine Sitzunterfläche dich trägt, dass die Erde dich trägt. Streiche mit der Hand über deine Arme, Beine, Rumpf. Spüre dich selbst, spüre, dass du ganz bist. Visualisiere deinen heilen Kern … Atme.

Sage dir mit liebevoller Stimme: »Ich darf sein … Ich darf mich fühlen … Ich bin richtig, so wie ich bin … Meine Wünsche und Bedürfnisse sind wichtig … Ich darf mich gut um mich kümmern … Ich bin für mich da und wenn ich Hilfe brauche, finde ich Menschen, die mich auf meinem Weg begleiten.«

Du magst dir das vielleicht jetzt noch nicht alles glauben, aber schau mal, du bist schon dabei, dich um dich zu kümmern. Du hast dieses Buch gekauft und beschäftigst dich mit deinen Themen. Das ist nicht einfach. Aber du hast dich auf den Weg gemacht und hast den Stein bereits ins Rollen gebracht. Du kümmerst dich und das ist wichtig. Danke dir selbst dafür und erkenne deine Bemühungen an.

Selbstheilung: Löse dich

In der vorherigen Selbstheilung hast du dir nicht nur gut zugesprochen, sondern du hast dir auch nochmal vor Augen geführt, dass du richtig bist und dich auf dein heutiges großes und erwachsenes Ich verlassen kannst. Um sich von ungesunden Bindungen lösen zu können, ist es wichtig, ein Gefühl von Selbstständigkeit und Autonomie zu haben. Denn nur wenn ich autonom bin und weiß, dass ich mich jederzeit wieder mit Menschen verbinden kann, kann ich Bindungen lösen.

Übe dich also in deiner Autonomie. Kümmere dich gut um dich. Geh Aktivitäten nach, die dir guttun, und warte damit nicht, bis andere da sind. Du kannst das! So wird es dir Schritt für Schritt leichter fallen, dich von ungesunden Bindungen zu lösen und locker zu lassen.

Gehörst du eher zu den *unsicher-vermeidend Gebundenen*, dann hältst du in Beziehungen immer einen gewissen Sicherheitsabstand ein. Du hast aufgrund deiner Kindheitserfahrungen gelernt, dass du dich am besten nur auf dich selbst verlässt. Nach einer verliebten Anfangsphase kommen oftmals Zweifel in dir auf, ob du die Beziehung überhaupt willst. Du sehnst dich zwar nach Nähe, tust aber bewusst und unbewusst einiges dafür, dass deine Beziehungen in die Brüche gehen. Wenn du dich hier wiedererkennst, nutze gerne die folgende Selbstheilung.

Selbstheilung: Vertraue und öffne dich

Du schützt dich durch Abgrenzung. Das gibt dir zwar eine gewisse Sicherheit, nicht mehr verletzt zu werden, aber der Preis ist ein Mangel an Verbundenheit mit anderen Menschen. Mach dir bitte auf einer tiefen Ebene bewusst, dass die Menschen da draußen nicht alle wie deine Eltern sind. Du hast schwierige Erfahrungen gemacht, die du auf andere Menschen überträgst (projizierst). Du reagierst somit auf deine eigenen Gedanken, die durch deine Vergangenheit bestimmt werden, und nicht auf die Realität im Hier und Jetzt.

Such dir bitte einen Menschen aus deiner heutigen Realität aus, von dem du zumindest rational weißt, dass er vertrauenswürdig ist. Finde rationale Argumente, warum du ihm oder ihr vertrauen kannst. Diese stärken dein Erwachsenen-Ich. Wenn du alle Argumente beisammenhast, *fühle* das Vertrauen, das du ihm oder ihr schenken kannst. Dies kann dir gelingen, indem du dich fragst: Wie fühlen sich diese rationalen Argumente in meinem Brust- und Bauchraum an? Gib diesem Gefühl innerlich ganz viel Raum, öffne dich. Integriere Vertrauen in deinen Alltag: Wenn du Zeit mit einem vertrauenswürdigen Menschen verbringst, mach dir das bewusst und fühle es.

Vielleicht waren deine Kindheitserfahrungen aber auch traumatisierend. In diesem Fall können nahe Beziehungen geradezu Panik oder auch Gefühle der Leere und Einsamkeit in dir auslösen. Du fühlst dich häufig unverbunden mit dir selbst und mit anderen Menschen. Dein Gefühlsleben ist entweder zu intensiv, indem du beispielsweise immer wieder von sehr starken Gefühlen wie Angst überflutet wirst oder in einsame Löcher fällst. Oder dein Gefühlsleben ist zu flach und du fühlst dich wie abgeschnitten von dir selbst.

HINWEIS: Falls du von dir schon weißt oder die Vermutung hast, dass du Traumatisches erlebt hast, such dir bitte liebevolle Unterstützung. Eine erste Hilfe kann eine Freundin oder ein Freund sein, die oder der bei dir ist, während du das Buch bearbeitest. Sehr sinnvoll kann aber auch eine langfristige Therapie sein. Wichtig ist: Du musst da nicht allein durch. Hol dir Unterstützung! Falls du mehr zum Thema Traumata erfahren möchtest, kann ich dir das Buch »Bin ich traumatisiert?« von Verena König empfehlen.

Selbsterkenntnis: Reflektiere deinen Bindungsstil

An dieser Stelle kannst du darüber nachdenken, ob dein Bindungsstil etwas mit deinem konkreten Problem zu tun hat, und hierzu ein paar Gedanken und Gefühle notieren.

____

____

____

Du hast bisher viel darüber nachgedacht und nachgefühlt, wie du hinsichtlich deines psychischen Grundbedürfnisses nach Bindung geprägt bist und wie sich diese Prägungen in deinem Verhalten niederschlagen. Nun wollen wir uns dein Bedürfnis nach Kontrolle und Autonomie genauer anschauen.

Kontrolle und Autonomie

Wenn du irgendwo im Leben ein Problem verspürst, dann hast du in diesem Aspekt deines Lebens die Kontrolle verloren. Das klingt pauschal, aber wenn du verschiedene Situationen gedanklich durchspielst, wirst du die Allgemeingültigkeit dieser Aussage nachvollziehen können. Indem du keine Kontrolle verspürst, fehlt es dir auch an Autonomie, denn du kannst nicht mehr selbstbestimmt handeln. Du bekommst einfach nicht, was du willst. Auf der Gefühlsebene stellen sich Hilflosigkeit, Ohnmacht, Angst oder Trauer ein.

Wenn du unter einer schlechten Beziehung leidest, dann empfindest du deinen Einfluss auf das Verhalten deines Gegenübers als zu gering: Du hast zu wenig Kontrolle über die Interaktion mit deinem Partner, deinen Eltern, einer Freundin oder Vorgesetzten.

Vielleicht hat dein Thema aber auch nicht mit einer anderen Person zu tun, sondern mit deiner eigenen Leistungsfähigkeit. Du fühlst dich vielleicht überfordert in deinem Job oder in deiner Ausbildung. Du hast es nicht richtig im Griff, hast also zu wenig Kontrolle darüber, ob du die Anforderungen erfüllen kannst. Möglicherweise hast du aber auch zu wenig Kontrolle über deine Gefühle, weil dich irrationale Ängste plagen oder weil deine Gefühle Achterbahn fahren. Wie ist das bei dir?

Selbsterkenntnis: Dein Kontrollverlust

Bitte notiere hier, welcher Kontrollverlust dich in Bezug auf dein Problem plagt:

Selbstheilung: Warum du dein Vertrauen stärken solltest

Unser Bedürfnis nach Kontrolle ist die Antwort auf Angst. Denn durch Kontrolle stellen wir ein Gefühl von Sicherheit her, wodurch sich unsere Angst beruhigen kann. Aber was tun, wenn wir keine Kontrolle ausüben können?

Stell dir einmal vor, wie sich deine Perspektive auf dein Problem verändern würde, wenn du mehr vertrauen könntest. Wenn du Vertrauen in dich selbst, in andere und in die Welt hättest, wäre der Kontrollverlust dann wirklich so schlimm, wie du momentan annimmst? Wahrscheinlich nicht. Denn Vertrauen ist, genau wie Kontrolle, die Antwort auf Angst. Wer darauf vertrauen kann, dass er es schon wieder hinkriegen wird, dass andere Menschen dabei helfen werden und die Welt verschiedene Chancen bietet, der wird weniger ängstlich durch die Welt gehen und seine vorhandenen Ängste auch eher zulassen können. Übe dich also im Vertrauen.

HINWEIS: Wenn es dir schwerfällt, in das Leben, dich selbst oder andere zu vertrauen, wird das mit den Erfahrungen zusammenhängen, die du in deinem Leben gesammelt hast. Du erinnerst dich an das vierte psychische Grundbedürfnis *Gewinn von Lust und Vermeidung von Unlust.* Unsere Psyche ist darauf ausgerichtet, uns sowohl vor körperlichen als auch vor emotionalen Schmerzen zu bewahren. Wenn wir schmerzliche Erfahrungen gemacht haben, werden wir in Zukunft vorsichtiger sein, damit uns dasselbe nicht noch mal passiert. Vertrauen geht nicht ohne Grund verloren. Doch unsere Zukunft kann und weiß nichts von unserer Vergangenheit. Sie verdient es, dass wir ihr eine faire Chance und einen Vertrauensvorschuss geben.

Selbstheilung: Übe dich im Vertrauen

Vertrauensprobleme haben häufig ihren Ursprung in der Vergangenheit. Um sie nicht zu Unrecht auf das Hier und Jetzt zu übertragen, ist es wichtig, die vergangenen Erfahrungen von den gegenwärtigen bzw. von den zukünftigen Erfahrungen zu trennen. Zukünftige Erfahrungen sind eigentlich nur Vermutungen und Erwartungen, die wir aufgrund unserer bisherigen Erlebnisse für wahrscheinlich halten.

Bevor wir uns weiter mit dieser Trennung von Vergangenheit und Gegenwart beschäftigen, möchte ich zunächst dein individuelles Problem näher beleuchten. Aus den vorherigen Übungen weißt du bereits, wo dir Kontrolle fehlt. Da ein Mehr an Vertrauen einen Mangel an Kontrolle ausgleichen kann, überlege nun, wo du bei deinem Problem mehr vertrauen müsstest, damit sich der Kontrollverlust für dich weniger schmerzhaft anfühlen würde. Würde es dir helfen, wenn du mehr Vertrauen in …

→ dich selbst, also deine Autonomie hättest? Dann sage dir hier gern so etwas wie: »Ich kümmere mich gut um mich, selbst wenn es mir gerade schwerfällt. Ich kann mir vertrauen.«
→ in andere, also deine Bindungen hättest? Dann sage dir hier gern so etwas wie: »Ich bin nicht alleine. Es gibt Menschen, die mir helfen, wenn ich Unterstützung brauche. Ich kann anderen vertrauen.«
→ deine eigene Wertigkeit, also in deinen Selbstwert hättest? Dann sage dir hier gern so etwas wie: »Ich kann das schaffen, und wenn nicht, ist es eine Lernerfahrung, die nicht meinen Wert schmälert.«
→ die Welt hättest? Dann sage dir hier gern so etwas wie: »Die Welt hält Gutes für mich bereit, auch wenn ich es gerade noch nicht sehe.« Oder wie der Kölner es auf den Punkt bringt: »Et hätt noch emmer joot jejange.«

Müsstest du noch auf andere Dinge vertrauen? Dann schreib sie hier auf:

____

____

Bitte nimm jetzt für dein individuelles Problem eine neue Einschätzung vor, die rein auf den gegenwärtigen Fakten und nicht auf deinen früheren Erfahrungen beruht. Mach den Faktencheck: Was spricht dafür, dass du in der jetzigen Situation vertrauen kannst, und was gibt dir Anlass, dies nicht zu tun? Schreib deine Antwort hier auf:

Vielleicht wirst du Gründe gefunden haben, warum es tatsächlich besser ist, nicht zu vertrauen. Dann kann es gegebenenfalls sinnvoll sein, auf Distanz zu gehen. Bevor du das aber tust, überlege zunächst, in was du eigentlich vertrauen müsstest. Geht es bei dir darum, dass du anderen nicht vertraust? Oder geht es vielleicht darum, dass du dir selbst nicht vertraust und dir wenig zutraust? Häufig ist es nämlich so, dass man anderen nicht vertraut, weil man sich selbst nicht zutraut, eine etwaige Enttäuschung zu verkraften. Bevor man diese also riskiert, behält man das Gegenüber lieber kritisch im Auge. Hinzu kommt, dass sich sehr unsichere Menschen häufig kein klares Urteil zutrauen. In solchen Fällen hilft es immer, das diffuse Bauchgefühl des Misstrauens, das nicht selten auf vergangenen Erfahrungen beruht, vom rationalen Verstand zu trennen. Begib dich also in die Beobachterposition und befrage deinen Verstand: Welche konkreten Argumente sprechen dafür oder dagegen, dass ich dieser Person vertrauen kann? Ein Faktencheck hilft, die Vergangenheit mit ihren Schattenkind-Prägungen von der heutigen Realität zu unterscheiden.

HINWEIS: Auch ein Zuviel an Vertrauen in andere Menschen kann zu Problemen in der Beziehungsgestaltung führen. Menschen, die einen unsicher-anklammernden Bindungsstil aufweisen und/oder die sehr angepasst sind, fühlen sich abhängig von der Unterstützung anderer, seien es ihre Partner, Eltern oder andere Bezugspersonen. Ihr gefühlter Mangel an Autonomie und Unabhängigkeit verleitet sie dazu, (scheinbar) haltspendende Bezugspersonen verklärt wahrzunehmen. Sie reden sich den Menschen und die Situation schön. Diese Idealisierung einer wichtigen Bezugsperson beschützt die Bindung. Falls du dich hiervon angesprochen fühlst, sind alle Übungen in diesem Buch, die deinen Selbstwert und damit einhergehend deine Autonomie stärken, besonders wichtig für dich.

Du hast dir nun konkret überlegt, welchen Kontrollverlust du aufgrund dieses speziellen Problems erleidest und in welchen Bereichen dir Vertrauen helfen könnte. Jetzt wollen wir einmal schauen, wie dein Verhältnis zur Kontrolle ganz allgemein in deinem Leben ist. Es ist gut möglich, dass der Kontrollverlust, den du in Bezug auf dein konkretes Problem erleidest, bei dir auch in anderen Lebensbereichen eine Rolle spielt.

Welche Rolle spielen Kontrolle und Verantwortung für dich?

Selbsterkenntnis: Wie viel Kontrolle benötigst du?

Bitte überlege, wie wichtig dir Kontrolle in verschiedenen Lebensbereichen ist. Gibst du die Kontrolle auch mal an andere ab, etwa an deinen Partner oder an Kollegen? Oder versuchst du eigentlich immer und überall, selbst die Kontrolle zu behalten?

Kreuze an, wo du dich am ehesten einordnest.

Wie wichtig ist es für mich, die Kontrolle zu behalten?

Ich gebe die Kontrolle am liebsten an andere ab.

Ich behalte immer bei allem die Kontrolle.

Ob du dein Kreuzchen eher nach rechts oder eher nach links gesetzt hast, sagt etwas über deinen Umgang mit Kontrolle und Verantwortung aus. Wer zu viel Kontrolle abgibt, übernimmt zu wenig Verantwortung für sein Leben und lässt sich eher von Zufällen und Widerfahrnissen treiben. Wer ständig Kontrolle benötigt, dem fehlt es an Vertrauen und der Fähigkeit, sinnvoll zu delegieren.

Glaubst du an dich?

Internale Kontrollüberzeugung ist ein psychologischer Fachbegriff. Gemeint ist damit, wie hoch die innere Überzeugung eines Menschen ist, Einfluss auf sein Leben nehmen zu können. Wenn unsere internale Kontrollüberzeugung gut ausgeprägt ist, nehmen wir an, dass wir etwas bewirken können. Wir glauben daran, dass wir mit unserem Verhalten unsere Lebensumstände beeinflussen und kontrollieren können. Wir wollen und dürfen nicht nur selbst bestimmen und handeln, sondern wir können es tatsächlich auch! Grundsätzlich wissen wir dann, dass wir die Fähigkeiten dazu besitzen, unser Leben zu gestalten und unsere Probleme zu lösen. Wir fühlen uns »selbst-wirksam«.

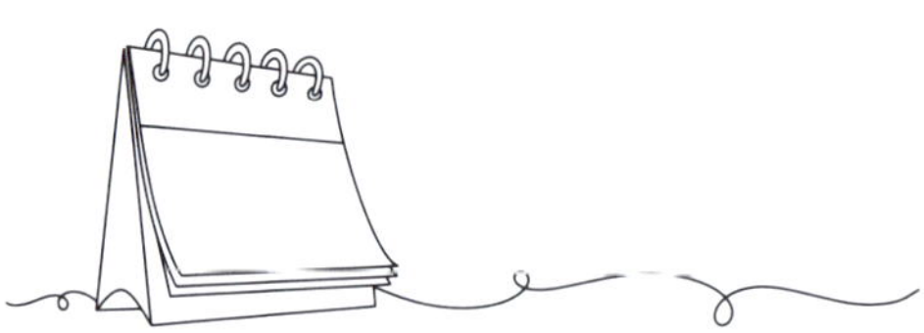

Selbsterkenntnis: Teste, wie hoch deine internale Kontrollüberzeugung ist[4]

Kreuze bei jeder Aussage an, inwieweit sie auf dich persönlich zutrifft.

	stimmt nie	stimmt selten	stimmt manchmal	stimmt in den meisten Fällen	stimmt immer
1. Ich bin davon überzeugt, dass ich es selbst in der Hand habe, mein Leben zu gestalten.	1	2	3	4	5
2. Wenn ich mich bemühe, werde ich meine Ziele erreichen und meine Probleme lösen können.	1	2	3	4	5
3. Mein Leben wird von anderen bestimmt.	5	4	3	2	1
4. Ich bin dem Schicksal ausgeliefert.	5	4	3	2	1

Zähl alle deine Antworten zusammen. Summiere dazu einfach die Werte, die du angekreuzt hast, und trage dein Ergebnis hier ein:

Mein Endwert = ______________________________

Je höher dein Ergebnis ist, desto stärker ist auch deine internale Kontrollüberzeugung. Der höchste Wert, der erreicht werden kann, beträgt 20. Der geringste Wert beträgt 4. Mit einem Wert von 12 liegt man genau in der Mitte, vorteilhaft sind alle Werte zwischen 12 und 15. Falls der Wert nämlich sehr hoch ist, also zwischen 17 und 20 liegt, könnte es sein, dass man seine Kontrollmöglichkeiten überschätzt. Tatsächlich gibt es ja auch so etwas wie Schicksalsschläge oder naturgegebene Gesetzmäßigkeiten, auf die wir keinen Einfluss

4 *Quelle: Kovaleva, A., Beierlein, C., Kemper, C. J., Rammstedt, B. (2012). Eine Kurzskala zur Messung von Kontrollüberzeugung: Die Skala Internale-Externale-Kontrollüberzeugung-4 (GESIS Working Papers 2012|19. Köln: GESIS.).*

nehmen können. Falls dein Wert also sehr hoch ist, denk bitte darüber nach, was dahinterstecken könnte. Möglicherweise hast du eine starke Angst vor Kontrollverlust, die du durch eine überhöhte Illusion von Kontrolle kompensierst. Falls dein Wert niedrig ist, unterschätzt du womöglich deine Einflussmöglichkeiten und lässt dir dein Leben eher widerfahren, anstatt es aktiv zu gestalten.

HINWEIS: Falls du feststellst, dass deine Kontrollüberzeugung niedrig ist und du dich dem Leben nicht gewachsen fühlst, machen sich vielleicht unangenehme Gefühle in dir breit. All das, was du jetzt wahrnimmst, muss jedoch nicht der Realität entsprechen. Sprich: Es ist sehr wohl möglich, dass du einen großen Einflussbereich hast, das aber nicht so wahrnimmst. Deine Wahrnehmung wird nämlich stark von deinen *Lernerfahrungen* beeinflusst. Das heißt, deine Kontrollüberzeugung und die damit einhergehenden unangenehmen Gefühle sind ein Produkt der Lernerfahrungen, die du als Kind und Jugendliche gesammelt hast. Als Kind warst du abhängig von deinen Eltern und insofern auch ausgeliefert. Dies ist aber heute nicht mehr der Fall. Deswegen entspricht die heutige Realität oft nicht mehr der erlernten Überzeugung. Heute bist du erwachsen und kannst dein Leben frei gestalten!

Selbstheilung: Stärke dich

Um dich nicht nur mental zu stärken und deinen Verstand klarer blicken zu lassen, möchte ich dich jetzt zu einer Körperübung einladen. Denn zwischen unserem Körper und unserer Psyche besteht eine enge Verbindung.

Nimm einen aufrechten, guten Stand ein. Stell dir vor, dass ein unsichtbarer Faden deinen Kopf leicht nach oben zieht. Deine Schultern sinken und dein Blick ist weit nach vorne gerichtet. Schieb dein Becken leicht nach vorne, zieh den Bauch etwas ein und öffne deine Brust. Atme nun bewusst tief ein und aus. Spann jetzt all deine Muskeln an. Spürst du, wie stabil dein Stand und wie stark dein Körper ist? All deine Muskeln helfen dir dabei, durch den Tag zu kommen. Dein Körper ist immer mit dabei. Wenn du ihn brauchst, spann ihn an und spüre, dass er für dich da ist. Dein Körper ist stark und du bist es auch!

Vielleicht bist du nach der Übung noch skeptisch, weil sich das komisch und ungewohnt angefühlt hat. Vielleicht denkst du sogar, dass das doch alles nichts bringt, weil du dich einfach nicht stark fühlst und du dir die Worte »*Ich bin stark*« nicht glauben kannst. Möglicherweise haben sich die unterschiedlichsten Gefühle wie Hilflosigkeit, Trauer oder Wut in dir breitgemacht.

Selbstheilung: Glaube an dich

Mach dir bewusst, dass diese unangenehmen Gefühle ihren Ursprung nicht in realen Fakten haben. Sie sind nicht der heilige Gral. Vielmehr spiegeln sie, was du in deiner Vergangenheit erlebt hast. Was du erlebt hast, war nicht immer schön, manches vielleicht wirklich schlimm. Dass du so etwas erleben musstest, ist nicht fair. Kinder haben ein Recht darauf, geliebt und umsorgt zu werden. Nicht nur ihre körperlichen, sondern auch ihre psychischen Grundbedürfnisse sollten erfüllt werden. Und so hättest auch du ein Recht darauf gehabt, die Erfahrung zu machen, dass du, so wie du bist, gut bist; dass deine Bedürfnisse wichtig sind, du mitbestimmen und Einfluss nehmen darfst auf dein Umfeld.

Du hast eine Wirkung, auch wenn es sich für dich damals, so wie heute, manchmal anders anfühlen mag. Heute darfst du an dich glauben, auch wenn dir dein Gefühl etwas anderes sagt. Denk immer daran: Deine Gefühle sind ein Produkt deiner Erfahrungen.

Um sich von solchen Gefühlen zu distanzieren, macht es Sinn, in den Verstand zu wechseln und sich zu fragen, ob diese Gefühle im Hier und Jetzt wirklich angebracht und hilfreich sind. Helfen sie dir dabei, Verantwortung für dich zu übernehmen? Motivieren sie dich, deine Wünsche und Ziele zu verfolgen? Geben sie dir Kraft in deinem Leben?

Erinnerst du dich noch an das vierte psychische Grundbedürfnis *Lustgewinn und Unlustvermeidung*? Du kannst dies hier ganz bewusst einsetzen, um deine unangenehmen und nicht hilfreichen Emotionen zu regulieren: Geh in die Distanz zu diesen Gefühlen und verändere deinen Blickwinkel hin zu angenehmen Gefühlen, nämlich zu deinen Ressourcen, also deinen Stärken, deinen guten Eigenschaften und deinen Werten.

Selbstheilung: Du hast gute Seiten

Lege nun einmal die Hände auf dein Herz, nimm zwei lange und tiefe Atemzüge. Begegne dir mit Freundlichkeit. Wenn du magst, stell dir vor, wie du von einem lieben Menschen angelächelt wirst oder wie sich ein Lächeln auf deinem Gesicht ausbreitet, wenn du an deinem Lieblingsort oder bei deinem Lieblingstier bist.

Lass ein Lächeln auf deinem Gesicht entstehen und denk dabei an die Dinge, die du tief in deinem Inneren an dir magst und wertschätzt. Nimm dir gern etwas Zeit und schreib sie hier auf. Das kann alles sein. Es gibt kein Richtig oder Falsch.

Schau dir deine Ressourcen noch einmal an und versuche dir dabei innerlich zuzunicken. Du kannst stolz auf dich sein und darfst dir das zeigen. Schwelge gern so richtig in diesem Zustand und lass angenehme Gefühle in dir groß werden.

HINWEIS: Vielen Menschen fällt es schwer, sich selbst wohlwollend und freundlich zu betrachten. Besonders dann, wenn sie es nie gelernt und durch ihr Umfeld anders erlebt haben. Häufig wird auch das Argument vorgebracht, nicht egoistisch oder überheblich sein zu wollen. Hierzu möchte ich gern Folgendes sagen: Selbstwertschätzung ist eine essentielle Grundzutat für unser drittes psychisches Grundbedürfnis nach Selbstwert. Jeder Mensch hat also das Recht dazu. Selbstwertschätzung bedeutet nämlich nicht, dass wir keine Schwächen und Fehler haben, sondern dass wir Mensch sind – mit positiven und negativen Anteilen.

Selbstheilung: Ehre dich und andere

Wenn du deine guten Seiten anerkennst und dich selbst schätzt, wertschätzt du damit nicht nur dich, sondern auch all diejenigen und all die Umstände, die dir dabei geholfen haben, diese Ressourcen zu entwickeln. Du bist also nicht egoistisch, wenn du deine guten Seiten hervorhebst. Ganz im Gegenteil. Du ehrst damit auch andere.

Wer oder was hat dir dabei geholfen? Gab es Freunde, Lehrer, Bücher, Verwandte, Vorbilder, Orte oder Aktivitäten und Hobbys, die einen positiven Einfluss auf dich hatten? Schreib sie hier auf:

Vielleicht magst du dich innerlich bei diesen Menschen oder Dingen bedanken und deine Wertschätzung einen Moment lang genießen.

Nachdem du nun einige Übungen zum Umgang mit einem labilen Selbstwertgefühl gemacht hast, kommen wir nochmal zurück zum Thema Kontrolle.

Wenn Kontrolle das Problem ist

Manchmal ist der Wunsch nach Kontrolle der ursächliche Kern des Problems. Dies ist zum Beispiel bei Zwangserkrankungen der Fall. Der Zwangserkrankte leidet unter seiner eigenen Kontrollsucht, bei der er sich hundertmal am Tag die Hände waschen muss oder zwanzigmal checkt, ob er den Herd auch wirklich ausgestellt hat. In diesem Abschnitt beleuchten wir unterschiedliche Weisen, wie wir mit Kontrolle umgehen.

Wenn ich nicht nur die Kontrolle, sondern auch **Macht** habe, dann kann ich die Kontrolle über mein eigenes Verhalten und mein Erscheinungsbild lockern. Wenn ich zum Beispiel sicher weiß, dass mein Partner unbedingt mit mir zusammen sein möchte, muss ich mich selbst weniger anstrengen. Ich komme dann vielleicht nicht mehr so pünktlich, sage schon mal kurzfristig ein Treffen ab oder komme nur kurz nach dem Sport vorbei und bleibe nicht lange. Als Chefin habe ich möglicherweise so viel Macht, dass die Mitarbeiter mir folgen, auch wenn ich oft unfair und schlecht gelaunt bin. Verfüge ich jedoch über wenig Macht, dann muss ich durch **angepasstes** und sozial erwünschtes

Verhalten dafür sorgen, dass sich andere Menschen in meinem Sinne verhalten, wie die Angestellten oder der verliebte Partner. Ich stelle meine Bedürfnisse zurück und unterwerfe mich so ein Stück weit, um eine Art von Kontrolle zu verspüren. Für Betroffene ist das meist leichter zu ertragen, als gar keine Kontrolle ausüben zu können. Es ist also das kleinere Übel.

Selbsterkenntnis: Wo stehst du bzgl. Macht und Ohnmacht?

Kreuze an, wo du dich am ehesten einordnest.

Dominieren = extreme Form von Kontrolle

← **Macht vs. Ohnmacht** →

Unterwerfung = extreme Form von Anpassung

Selbstheilung: Komm in ein Gleichgewicht

Falls du bemerkt haben solltest, dass du zu viel Macht ausübst, frag dich, wovor du eigentlich Angst hast? Was könnte passieren, wenn du die Kontrolle hin und wieder abgibst und weniger Macht ausübst? Notiere deine Sorgen hier:

____

____

____

Es ist so: Macht benötigt man immer dann, wenn man irgendwann viel Ohnmacht erfahren hat. Mach dir also klar, dass dein »Machthunger« eine Kompensation für deine vergangenen Ohnmachtserfahrungen ist. Er ist also eine

Schutzstrategie. Heute, wo du erwachsen bist, brauchst du so viel Schutz vor Ohnmachtsgefühlen gar nicht mehr. Du hast als Erwachsener viel mehr Möglichkeiten und Ressourcen, um mit schwierigen Situationen umzugehen, ohne die kindliche Ohnmachtserfahrung wiederholen zu müssen.

Falls du dich zu stark anpasst, solltest du dich ebenfalls fragen, wovor du Angst hast. Was befürchtest du? Oft haben Menschen, die sich zu stark anpassen, eine übertriebene Angst davor, abgelehnt zu werden. Ist das bei dir auch so? Diese Angst ist meist durch frühere Erfahrungen entstanden und wird immer wieder auf das Heute übertragen. Die Erwartungshaltung ist also durch die negativen Erlebnisse verzerrt. Versuche dir immer wieder vor Augen zu führen, dass deine Vergangenheit nicht über das Heute bestimmt.

Für beide Fälle, also für Macht und Ohnmacht, gilt: Geh auf Augenhöhe mit den Menschen und komme in die Verbundenheit, anstatt dich zu verstecken oder andere mit deinem Auftreten zu verschrecken.

HINWEIS: Wenn sich bei dir nun unangenehme Gefühle ausgebreitet haben, du traurig bist oder dir all die Enttäuschungen deines Lebens bewusst geworden sind, mach doch gern die Selbstheilungsübungen »Warum du dein Vertrauen stärken solltest« und »Übe dich in Vertrauen« auf Seite 53 und 54 bevor du weitergehst.

Die sogenannte **Enttäuschungsprophylaxe** ist ebenfalls eine Kontrollstrategie. Sie besagt, dass ich versuche, eine mögliche Enttäuschung von vornherein zu vermeiden. Wenn ich gar nicht erst damit rechne (ich also meine Erwartung kleinhalte), dass ich anderen wirklich vertrauen kann, dann ist mein subjektiver Kontrollverlust kleiner, wenn mich jemand enttäuscht, als wenn ich mich zuvor auf jemanden verlassen hätte. Das heißt: Wenn wir wenig erwarten, ist die Chance, enttäuscht zu werden, geringer. Wir vermeiden auf diese Weise unangenehme Gefühle, was ganz im Sinne unseres bereits genannten Grundbedürfnisses *Lustgewinn und Unlustvermeidung* ist.

Selbsterkenntnis: Wie gehst du mit Erwartungen um?

Wann und wo hältst du deine Erwartungen extra klein, um nicht enttäuscht zu werden? Steckst du deine Ziele niedriger oder setzt du dir lieber erst gar keine Ziele, um nachher nicht zu scheitern? Gehst du immer vom Schlimmsten aus und bist grundsätzlich sehr pessimistisch eingestellt?

Notiere deine Antworten hier:

___

___

___

Selbstheilung: Wechsle die Perspektive

Die Enttäuschungsprophylaxe ist zwar ein Selbstschutz, aber sie führt zu vielen negativen Gefühlen, denn du musst stets pessimistisch denken und handeln. Mach dir also bewusst, dass du zwar die mögliche Enttäuschung klein hältst, du dafür aber viele andere Unlustgefühle in Kauf nimmst.

Stell dir einmal vor, wie es sich anfühlen würde, wenn du das Leben spielerischer angehen würdest. Statt Enttäuschungen zu beschwören, siehst du die

Chancen. Du denkst an Herausforderungen, statt an Unmöglichkeiten. Ein mögliches Scheitern nimmst du als Lernerfahrung wahr, die du bewältigen kannst.

Vielleicht wird es dir jetzt noch etwas schwerfallen, so zu denken. Mach dir hier keinen Druck, das ist ganz normal. Schließlich hast du schmerzliche Erfahrungen gemacht, die nicht vergessen sind. Aber über das Hier und Jetzt sagen deine vergangenen Erfahrungen nicht unbedingt etwas aus. Wenn du sie, ohne zu prüfen, immer wieder auf das Heute überträgst, hältst du nicht nur dich selbst in unangenehmen Gefühlen gefangen, sondern gibst dem Heute auch keine faire Chance.

Neben der Enttäuschungsprophylaxe gibt es eine Kontrollstrategie, die einen gegenteiligen Ansatz verfolgt: den **Perfektionismus**. Dabei habe ich überhöhte Ansprüche und übe möglichst viel Kontrolle aus, um sowohl die Erwartungen anderer als auch meine Erwartungen an mich selbst zu erfüllen und »perfekt« zu sein. So wird häufig die Angst vermieden, etwas falsch zu machen und von anderen kritisiert oder abgelehnt zu werden.

Selbsterkenntnis: Wie gehst du mit Perfektionismus um?

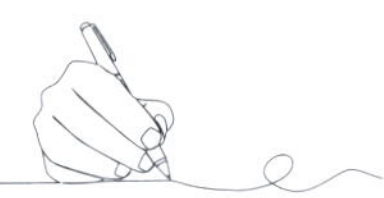

Bitte überlege, ob es in deinem Leben Bereiche gibt, in denen du sehr hohe oder sogar überhöhte Ansprüche an dich stellst und Perfektion von dir erwartest. Hier ein paar Beispiele: Hast du das Gefühl, der perfekte Vater sein zu müssen? Hast du das Gefühl, dich zu Hause niemals entspannen zu dürfen, wenn es noch etwas zu tun gibt? Leistest du auf der Arbeit mehr als andere und vernachlässigst dafür deine Freunde oder deine Gesundheit? Notiere deine Antworten hier:

Geh nun einen Schritt weiter und überlege, was du durch deinen Perfektionismus vermeidest.

Mach dir zu folgenden Fragen bitte einmal Gedanken:

- → Warum willst oder denkst du, perfekt sein zu müssen?
- → Geht es dir wirklich um die Sache, oder willst du keine Angriffsfläche bieten?
- → Was befürchtest du, wenn du nicht perfekt abliefern würdest?
- → Vor was hast du Angst?

Notiere deine Antworten hier:

____

____

Selbstheilung: Gut ist gut genug

Vielleicht ist dir inzwischen der Gedanke gekommen, dass du versuchst, dich durch deinen Perfektionismus zu schützen. Diese Schutzstrategie hast du dir im Rahmen deiner negativen Erfahrungen angeeignet. Aber denk daran: Unsere Vergangenheit sagt nichts über unsere Zukunft aus. Du bist nicht mehr das verletzliche und abhängige Kind von damals.

Löse dich von diesen Erfahrungen und den Botschaften, die du von deinem Umfeld erhalten hast. Mach dir klar, dass du nicht aus der Summe der äußeren Wahrnehmung, Maßstäbe und Bewertungen bestehst. Du bist viel mehr als das.

Es reicht, dass es dich gibt. Das Leben als solches ist wertvoll. Du darfst es genießen. Und du darfst auch Fehler machen. Fehler sind wertvolle Erfahrungen. Entspanne dich. Go with the flow. Immer perfekt zu sein, ist vom Leben nicht gefordert oder vorgesehen. Perfektion kostet dich nicht nur viel Energie und wertvolle Lebenszeit, sondern sie beschert dir auch viel Frust, weil Perfektion nicht zu erreichen ist. Mach dir also klar: Gut ist gut genug!

Nachdem du dich nun mit den beiden Kontrollstrategien Enttäuschungsprophylaxe und Perfektionismus auseinandergesetzt hast, was schätzt du, welche der beiden Kontrollstrategien du mehr nutzt?

Selbsterkenntnis: Wo stehst du?

Kreuze an, wo du dich am ehesten einordnest.

wenig bis keine Erwartungen

← **Enttäuschungsprophylaxe vs. Perfektionismus** →

hohe bis extreme Erwartungen

Eine spezielle Form der **Beziehungskontrolle** wird ausgeübt, wenn man die Schuld auf sich nimmt, obwohl sie eigentlich nicht bei einem selbst liegt. Das klingt auf den ersten Blick vielleicht paradox, ist aber ein durchaus häufiges Muster. Wenn ich beispielsweise einen sehr schwierigen Partner habe, der oft meine Erwartungen nach Nähe und Geborgenheit enttäuscht, indem er die geplanten Treffen häufig absagt oder sich mir nicht richtig zuwendet, dann kann es mir ein Stück weit Kontrolle zurückgeben, wenn ich denke, dass es bestimmt an meiner Art liegt und nicht an ihm. Tatsächlich meinen etliche Menschen, dass andere sich ihnen gegenüber liebevoller verhalten würden, wenn sie in irgendeiner Form besser wären. So übernehmen sie indirekt Verantwortung für das Verhalten anderer und üben Kontrolle auf zwei Wegen aus:

1. Wenn der Fehler bei mir liegt, ist es innerhalb meiner Kontrolle, ihn zu beseitigen.
2. Wenn ich selbst schuld bin, fühle ich mich den Taten des anderen weniger ausgeliefert. Denn es herrscht ja eine gewisse Form von Gerechtigkeit, was besser zu ertragen ist als reine Willkür.

Das Gegenteil zu diesem Verhalten liegt in der Zurückweisung jeglicher Kritik an mir selbst. Doch wer immer nur die Schuld bei anderen sucht, hat ein Problem damit, Verantwortung zu übernehmen.

Selbsterkenntnis: Welchem Typ neigst du zu?

Kreuze an, wo du dich am ehesten einordnest.

Ich suche die Fehler meist bei mir selbst.	← **der/die Unsichere vs. der/die Fingerzeiger*in** →	Ich suche die Fehler meist bei anderen.

Wahrscheinlich wird dir gerade die ein oder andere Konfliktsituation durch den Kopf gegangen sein. Denk für die folgende Selbstheilungsübung gern bewusst an so eine Situation.

Selbstheilung: Die Schneekugel

Bei dieser Übung geht es darum, die Problemsituation mit mehr Abstand zu betrachten und dich sowohl in dich selbst als auch in andere empathisch einzufühlen. Das kann dir dabei helfen, die Situation aus einer neutraleren Perspektive zu sehen. So fällt es dir leichter, rationale Bewertungen zu treffen, ohne in deine typischen Muster zu verfallen.

Stell dir also bitte vor, du würdest deine Problemsituation in einer Schneekugel sehen. Du hältst die gläserne Kugel in deiner Hand und betrachtest sie mit etwas Abstand von allen Seiten. Du siehst dich selbst und deinen Konfliktpartner. Du siehst durch die Kugel, wie sich beide verhalten und was sie sagen. Wende nun deinen Blick einen Moment von der Schneekugel ab und frag dich Folgendes:

→ Was denkst du, wie sich dein Ich in der Kugel fühlt?
→ Was denkst du, warum sich dein Ich so verhält?

Beantworte die Fragen nun auch für deinen Konfliktpartner.

→ Was denkst du, wie es deinem Konfliktpartner in der Kugel geht?
→ Was denkst du, warum er oder sie sich so verhält?

Blicke nun noch einmal auf deine imaginäre Schneekugel, die du in der Hand hältst. Wenn du die beiden so in dieser Kugel siehst und du ein Gefühl dafür hast, wie sich beide fühlen und warum sie sich so verhalten – was würdest du sagen:

Was ist der Anteil deines Ichs an dem Konflikt? Wofür müsstest du die Verantwortung übernehmen und wofür nicht? Welchen Anteil hat der andere am Geschehen und wofür müsste er die Verantwortung übernehmen? Notiere deine Antwort hier.

HINWEIS: Falls es dir schwergefallen sein sollte, die Verantwortung zu übernehmen oder von dir zu weisen, ist Folgendes für dich wichtig:

Wenn du Schwierigkeiten hattest, dich empathisch in dein Gegenüber einzufühlen, kann das bedeuten, dass deine Balance zugunsten der Autonomie ausgefallen ist. Für dich wäre es wichtig, die empathische Perspektivübernahme weiter zu trainieren. Versuche dich in deinem Alltag immer mal wieder in deine Mitmenschen einzufühlen. Ob auf der Arbeit in deine Kollegen, beim Autofahren in die anderen Verkehrsteilnehmer, zu Hause bei deiner Familie oder deinen Freunden gegenüber.

Wenn es bei dir genau anders herum ist, du zu hart mit dir selbst ins Gericht gehst und andere fälschlicherweise freisprichst, ist deine Balance wahrscheinlich zugunsten der Bindung ausgefallen. Mach dir bewusst, dass du eine Bindung beschützt, die dir eigentlich nicht guttut. Übe dich darin, dich vermehrt von deinen Bindungen abzugrenzen und leg den Fokus mehr auf deine Autonomie. Das kannst du zum Beispiel tun, indem du pünktlich Feierabend machst und dir die Freizeit ganz bewusst so gestaltest, wie es dir guttut. Wenn der Kollege dich bittet, Arbeit zu übernehmen und länger zu bleiben, versuch mal Nein zu sagen.

Kontrolle ist das Gegenteil von Hilflosigkeit. Wenn wir das Gefühl von Kontrolle haben, wird nicht nur unsere Hilflosigkeit weniger, sondern auch unsere Angst. Bei Angsterkrankungen üben die Betroffenen häufig Kontrolle aus, indem sie die angstauslösende Situation vermeiden.

Dieses Verhalten wird in der Psychologie als Vermeidungsstrategie bezeichnet. Die Personen verfolgen also **Vermeidungsziele**. Vermeidungsziel bedeutet, dass man sich von etwas wegbewegen will, um sich vor unangenehmen Gefühlen wie beispielsweise Versagens- oder Verlustangst zu schützen. Im Gegensatz dazu stehen **Annäherungsziele**. Hier hat man ein klares Ziel vor Augen und weiß, wo es hingehen soll. Man strebt dann sein Ziel bewusst an und wird aktiv, um es zu erreichen. Dafür bin ich auch bereit, unangenehme Gefühle wie Frustration oder Versagensangst für einen gewissen Zeitraum auszuhalten oder ein etwaiges Scheitern zu riskieren.

Wenn ich jedoch versuche, meine Angst unter Kontrolle zu bringen, indem ich alles, was mir Angst macht, vermeide, bleibt die Angst tatsächlich bestehen und weitet sich in der Regel sogar noch aus. Denn das Gehirn kann so nicht die Erfahrung machen, dass es die angstbesetzte Situation bewältigen kann. Auch deshalb sind Vermeidungsziele häufig problematisch.

Selbsterkenntnis: Neigst du zu Vermeidung oder zu Konfrontation?

Kreuze an, wo du dich am ehesten einordnest.

Ich vermeide die Dinge, die mir Angst machen, lieber. → Vermeidungsziele	← **Kontrolle durch** →	Ich konfrontiere mich mit Dingen, die mir Angst machen. → Annäherungsziele

Selbstheilung: Stell dich deinem Gefühl – als Audio-Trance verfügbar

Diese Trance kannst du auch anhören auf www.penguin.de/stahl-arbeitsbuch. Bestimmt wirst du bei der Selbstreflexion an Dinge oder Situationen gedacht haben, vor denen du Angst hattest. Bitte wähl ganz spontan eine davon für die nächste Übung aus.

Mach es dir nun auf einem Stuhl bequem. Nimm noch einen tiefen Atemzug und stell dir dann deine ausgewählte Szene bildlich vor. Wenn du magst, schließe dabei kurz die Augen. Während du das machst, werden wahrscheinlich die unterschiedlichsten Gefühle in dir hochkommen. Nimm diese Gefühle im Hier und Jetzt wahr. Erkenne: Ja, da ist vielleicht Angst. Möglicherweise spürst du auch eine innere Unruhe oder eine Beklemmung auf der Brust oder im Halsbereich. Nimm es einfach wahr und bleib im jetzigen Augenblick. Nimm an, was gerade ist. Du öffnest dich deinen Empfindungen. Versuch deine Wahrnehmungen nicht zu bewerten, auch wenn sie sich vielleicht nicht angenehm anfühlen. Benenne nur, was da ist, beispielsweise Angst: »Da ist *mein Gefühl – Angst.*«

Wenn dir das noch etwas schwerfällt, weil das Gefühl zu beklemmend ist, nimm auch das wahr. Solltest du den Impuls verspüren, die Aufmerksamkeit von deinen Empfindungen wegzulenken oder sogar die Übung abzubrechen, versuch zunächst mehr Abstand zu deinen Empfindungen einzunehmen.

Stell dir vor, du wärst ein Beobachter und könntest deine Gefühle aus der Ferne betrachten. Wie mit einem Fernglas kannst du an das Gefühl heranzoomen oder es auch von weiter weg betrachten. Schau einmal, aus welcher Entfernung du dein Gefühl gut erkennen kannst, ohne zu sehr einzutauchen. Anstatt deine Gefühle loswerden, verändern oder vermeiden zu wollen, kannst du sie nun – mit etwas Sicherheitsabstand – da sein lassen. Du siehst von außen, wie das Gefühl von dir Besitz ergreift, bist aber nicht von dem Gefühl vereinnahmt. Du kannst dein Leben mit Gefühlen leben. Sag also nicht: »Ich würde gern XY machen, aber ich habe Angst«, sondern mach dir klar, dass es auch mit Angst geht. Formuliere dazu den Satz einfach mal anders: »Ich würde gern XY machen und ich habe Angst.« Achte also auf deine Sprache und mach aus dem »Aber« einfach mal ein »Und«.

HINWEIS: In der letzten Selbstheilungsübung habe ich dich im ersten Schritt dazu angeregt, deine Emotionen achtsam wahrzunehmen, ohne sie zu bewerten. Im zweiten Schritt ging es darum, dass du eine Bereitschaft entwickelst, diese Emotionen zu fühlen, damit du deine Gefühle annehmen und akzeptieren kannst. Um nicht zu tief in die Gefühle einzusteigen, habe ich dich im dritten Schritt dazu angeleitet, einen Schritt zurückzutreten und deine Emotionen mit einem Sicherheitsabstand zu betrachten. Achtsamkeit, Akzeptanz und Defusion (Loslösung) gelten in der Psychotherapie und besonders in der Akzeptanz- und Commitment-Therapie (ACT) als drei wichtige Fähigkeiten für ein zufriedenes und glückliches Leben. Im Verlauf dieses Buches werde ich immer wieder Bezug auf diese Fähigkeiten aus der ACT nehmen.

Selbsterkenntnis: Was dein Problem mit Kontrolle zu tun hat

Denk jetzt bitte nochmal an dein individuelles Thema, das du mithilfe dieses Buches bearbeiten möchtest. Welche Kontrollstrategie nutzt du bei deinem Problem? Vergleich dazu die oben stehenden Strategien. Spielt eine davon bei deinem Problem eine Rolle?

Notiere sie hier: ____

____

Du weißt bereits, dass es in der Psychologie einen Ausdruck für den Glauben an sich selbst gibt, nämlich die *internale Kontrollüberzeugung* (Seite 58). Teste nun, welche Kontrollüberzeugungen du bei deinem **aktuellen Problem** hast.

Selbsterkenntnis: Kannst du das schaffen?

Kreuze an, inwieweit die folgenden Aussagen auf dich zutreffen.

	stimmt nie	stimmt selten	stimmt manch-mal	stimmt in den meisten Fällen	stimmt immer
1. Ich bin meinem Problem gewachsen und kann mich selbst behaupten.	1	2	3	4	5
2. Wenn ich mich bemühe, werde ich mein Ziel erreichen und mein Problem lösen können.	1	2	3	4	5
3. Ohne Hilfe und Unterstützung kann ich das nicht schaffen.	5	4	3	2	1
4. Ich bin ausgeliefert und kann nichts tun.	5	4	3	2	1

Auswertung: Zähle alle deine Antworten zusammen. Summiere dazu einfach die Werte, die du angekreuzt hast, und trage das Ergebnis hier ein:

Mein Endwert = ____

Je höher dein Ergebnis ist, desto stärker ist auch deine internale Kontrollüberzeugung in Bezug auf dein spezielles Thema. Je niedriger dein Wert ist, desto höher ist deine externe Kontrollüberzeugung. Vergleiche diesen Wert mit deinem Wert auf Seite 59. Sind sie sich ähnlich?

Vielleicht fragst du dich jetzt, warum es dir eigentlich so schwerfällt, Kontrolle abzugeben, und warum du ständig damit beschäftigt bist, die Dinge im Griff haben zu müssen, auch wenn du vielleicht merkst, dass das nicht immer geht. Möglicherweise fragst du dich aber auch genau das Gegenteil und überlegst, warum du so wenig Kontrolle ausübst und vieles in deinem Leben einfach geschehen lässt. Warum veränderst du Dinge nicht, die du verändern könntest?

Wie es zu der einen oder anderen Verhaltensweise kommen kann, wirst du im nächsten Abschnitt herausfinden.

Wie hast du Kontrolle erlebt?

Wie wir mit dem Thema Kontrolle umgehen, hängt ganz wesentlich davon ab, welche Erfahrungen wir als Kinder gesammelt haben. Unsere frühen Lernerfahrungen prägen unser Gehirn und somit unsere spätere Einstellung zum Leben.

HINWEIS: In diesem Buch spreche ich häufig von deinen Eltern als Einheit. Natürlich können damit auch andere Bezugspersonen wie die Großeltern oder andere Menschen gemeint sein, die für dich als Kind verantwortlich waren. Zudem ist es in den folgenden Übungen sinnvoll, sich immer wieder zu fragen: »*Wie war das mit Mama, und wie war das mit Papa?«* Du kannst also auch überlegen, welche Erfahrungen du mit deinen Eltern unabhängig voneinander gemacht hast.

Selbsterkenntnis: Wie hast du als Kind deine Eltern erlebt?

Die folgenden Fragen können dir dabei helfen, die Beziehung zu deinen Eltern im Hinblick auf Autonomie und Kontrolle zu reflektieren.

Hattest du sehr fürsorgliche, vielleicht sogar überbehütende Eltern?

- Gab es viele Vorschriften und strenge Regeln?
- Konnten Regeln und Grenzen von dir mitbestimmt werden oder musstest du dich dem Willen deiner Eltern beugen?
- Waren deine Eltern sehr dominant?
- Vielleicht waren sie aber auch selbst sehr unsicher und ängstlich, sodass Sorgen, Schutz und Sicherheit immer im Vordergrund standen und du vieles nicht so machen konntest, wie du es gern gewollt hättest.
- Oder konntest du immer machen, was du wolltest, ohne dass deine Eltern dir Grenzen gesetzt haben?
- Vielleicht waren deine Eltern auch wenig da oder mit eigenen Themen so beschäftigt, dass du wenig Aufmerksamkeit erhalten hast.
- Welche Vorbildfunktion haben deine Eltern eingenommen? Hatten sie selbst ein gutes Verhältnis zu Kontrolle? Oder waren sie zu kontrollierend oder zu passiv?

Notiere deine Antworten hier.

Selbstheilung: Was hättest du gebraucht?

Vielleicht sind dir während der Selbsterkenntnis sowohl gute als auch unangenehme Erinnerungen an deine Kindheit gekommen. Wichtig ist, dass es nicht darum geht, deine Vergangenheit als gut oder schlecht zu bewerten und dass es auch nicht darum geht, deine Eltern als böse oder schuldig darzustellen. Vielmehr geht es darum, dass du dich mit deinen individuellen Erfahrungen auseinandersetzt und dabei alle Gefühle, angenehme wie unangenehme, zulässt. Dafür ist es notwendig, sowohl die Sonnen- als auch die Schattenseite der Kindheit zu betrachten.

Im nächsten Schritt möchte ich dich bitten aufzuschreiben, was du von deinen Eltern gebraucht oder ersehnt hättest, aber nicht bekommen hast. Du darfst Kritik äußern, ohne dass deine Kindheit schlecht gewesen sein muss. Deine Eltern dürfen die besten Eltern bleiben, die du hast, auch wenn sie vielleicht nicht alles ideal oder richtig gemacht haben. Es geht nicht um Vorwürfe, sondern um Prägungen. Schreibe nun also bitte einmal auf:

Das haben meine Eltern zu viel oder zu wenig gemacht:

Ich hätte von meinen Eltern Folgendes gebraucht:

Wenn du als Kind häufig die Erfahrung gemacht hast, dass dein Wille zählt und du Einfluss auf das Verhalten deiner nahen Bezugspersonen nehmen konntest, dann wirst du auch als Erwachsene zuversichtlich sein, einiges in deinem Leben bewirken zu können. Hast du als Kind hingegen häufig erlebt, dass du deiner Umgebung ziemlich ausgeliefert bist, wirst du eine eher niedrige internale Kontrollerwartung entwickelt haben. Schau doch noch mal auf Seite 59. Dort hast du bereits herausgefunden, wie hoch oder niedrig deine internale Kontrollüberzeugung ist. Außerdem wird das Thema Kontrolle für dich und dein weiteres Leben eine besondere Rolle spielen. Denn wer früher wenig Kontrolle erlebt hat, wird im späteren Leben entweder aktiv danach suchen oder passiv alles über sich ergehen lassen.

Selbsterkenntnis: Deine Schutzstrategien

Schau doch mal, ob du eher der aktive oder eher der passive Typ bist, indem du ankreuzt, was auf dich zutrifft.

Aktive Schutzstrategien sind:	**Passive Schutzstrategien sind:**
• Perfektionsstreben • Dominanz • Rechthaberei • Kontrollhandlungen • impulsives Verhalten • immer das letzte Wort haben wollen • Einzelkämpfertum • ausgeprägtes Konkurrenzkampfempfinden	• Enttäuschungsprophylaxe • Delegation von Entscheidungen • wenig Ehrgeiz und geringe Zielstrebigkeit • Anpassung an die Wünsche anderer • häufiges Nachgeben • eigene Wünsche und Bedürfnisse verdrängen und nicht oder kaum noch spüren • Schuldübernahme

Wenn du als Kind ungute Erfahrungen bezüglich der eigenen Kontrollfähigkeit gemacht hast, übst du als Erwachsener entweder zu viel oder zu wenig Kontrolle über dein Leben aus. Was du dann tun kannst, zeige ich dir in der folgenden Selbstheilungsübung.

Selbstheilung: Verurteile dich nicht und übernimm Verantwortung

Viele meiner Klienten fühlen sich zunächst einmal schlecht, wenn ihnen bewusst wird, welche ungünstigen Schutzstrategien sie als Erwachsene immer noch nutzen.

Scham- und Schuldgefühle sollten wir allerdings bewusst außen vor lassen, denn meist führen sie nicht dazu, dass man sich motiviert fühlt und bereit ist für eine Veränderung. Vielmehr bewirken diese Emotionen, dass man sich mangelhaft und klein fühlt, sodass man sich am liebsten verstecken und nicht mehr darüber nachdenken oder sprechen würde. Wie du bereits weißt, sind es nicht die Vermeidungsziele, die uns im Leben voranbringen, sondern die Annäherungsziele. Um die Verantwortung für eigene ungünstige Verhaltensweisen zu übernehmen, ist es daher wichtig, nicht in Scham und Schuld zu versinken.

Schritt 1: Hab Mitgefühl mit deinen ungünstigen Schutzstrategien.

Mach dir klar, dass du dir diese Verhaltensweisen nicht angeeignet hast, um dir selbst oder anderen zu schaden, sondern weil sie dich früher einmal vor weiteren negativen Erfahrungen beschützt haben. Sie hatten also einen Sinn. Darum ist es auch wichtig, dass du dich nicht verurteilst. Das würde nur zu weiterem Schmerz führen.

Schritt 2: Übernimm Verantwortung.

Auch wenn deine ungünstigen Verhaltensweisen nun für dich (psycho-)logisch sind, ist es natürlich dennoch wichtig, Verantwortung zu übernehmen und ungünstige Verhaltensweisen im Hier und Jetzt Schritt für Schritt abzubauen und hilfreiche Strategien zu entwickeln. Überlege dir dazu jetzt, welche Verhaltensweisen du stattdessen nutzen könntest. Hier ein Beispiel: Statt eine passive Schutzstrategie zu verfolgen und häufig nachzugeben, könntest du dir klarmachen, dass es in Freundschaften okay ist, Grenzen zu setzen. Du darfst auch mal »Nein« sagen, ohne Angst haben zu müssen, dass die Freundschaft zerbricht.

Welche Schutzstrategie möchtest du verändern?

Welche alternative Verhaltensweise könntest du nutzen?

In was müsstest du dafür vertrauen können?

Waren deine Erfahrungen mit deinen Eltern und anderen Bezugspersonen hingegen weitgehend positiv, bist du vermutlich mit einem guten Vertrauensvorschuss ins Erwachsenenleben gestartet. Du weißt, dass du dich nicht nur auf dich selbst, sondern auch auf andere verlassen kannst, und befindest dich vermutlich in einer ganz guten Balance aus Kontrolle und Vertrauen. Das heißt, du kannst für dich und für andere Verantwortung übernehmen, aber auch mal die Kontrolle abgeben und anderen vertrauen.

Bist du in der Balance zwischen Autonomie und Bindung?

Für unsere psychischen Grundbedürfnisse nach Autonomie und Kontrolle auf der einen Seite und nach Bindung auf der anderen Seite benötigen wir unterschiedliche Fähigkeiten. Bindung und Autonomie sind ein Gegensatzpaar. Für die Bindung müssen wir immer ein Stück Autonomie opfern und für die Autonomie ein Stück Bindung. In dem Moment, in dem wir uns an andere Menschen binden und deshalb anpassen, können wir uns nicht gleichzeitig selbst behaupten. Das geht nur im Wechsel. Ständig sind wir damit beschäftigt abzuwägen, ob wir uns anpassen oder unsere eigenen Interessen verfolgen sollen. Entsprechend sind die erforderlichen Fähigkeiten, die wir für die Befriedigung dieser Grundbedürfnisse benötigen, recht gegensätzlich.

Wenn wir eine gute Balance zwischen Bindung und Autonomie aufweisen, dann können wir uns sowohl gut anpassen als auch uns selbst behaupten. Dies ist die beste Voraussetzung für gelingende Beziehungen.

Fähigkeiten für die Bindung	Fähigkeiten für die Autonomie
• anderen gefallen (sympathisches Verhalten, Attraktivität) • zuhören können • empathisch sein können • kooperieren und Kompromisse finden können • sich anpassen und nachgeben können • vertrauen können	• eigene Gefühle und Bedürfnisse spüren können • Entscheidungen treffen können • sich Ziele setzen können • argumentieren und kämpfen können • sich trennen können

Selbsterkenntnis: Schätze dich ein

Was denkst du, wie es um deine Balance steht? Würdest du dich eher aufseiten der Bindung oder aufseiten der Autonomie einordnen? Setze dein Kreuzchen auf einen der Punkte.

Bindung |...| Autonomie

Selbsterkenntnis: Meine Autonomie- und Bindungsfähigkeiten

Wenn dein Kreuzchen nicht halbwegs mittig, sondern weit rechts oder weit links liegt – welche Fähigkeiten müsstest du trainieren, um mehr in die Mitte zu kommen?

Schreibe sie hier auf:

Ich benötige folgende Fähigkeiten für die Autonomie:

____

____

Ich benötige folgende Fähigkeiten für die Bindung:

____

____

Erinnerst du dich noch an deinen Bindungsstil?

Menschen, die einen *sicheren Bindungsstil* erworben haben, weisen eine gute Balance zwischen Autonomie und Bindung auf. Bei jenen, die einen *unsicheren Bindungsstil* haben, ist die Balance aus dem Gleichgewicht geraten – entweder zugunsten der Autonomie oder zugunsten der Bindung. Menschen, die sich stark auf der Bindungsseite verorten, tun viel dafür, um von anderen Menschen anerkannt und gemocht zu werden. Dies gelingt, indem sie sich den Erwartungen ihrer Mitmenschen anpassen. Da sie mehr die Erwartungen anderer erfüllen, als nach ihren eigenen Bedürfnissen zu schauen, sind sie überangepasst. Menschen, die hingegen zur autonomen Seite tendieren, grenzen sich zu stark gegen die Erwartungen anderer ab und machen recht stur ihr eigenes Ding. Sie haben früh gelernt, sich am besten nur auf sich selbst zu verlassen, sie sind überabgegrenzt. Das ist ihr inneres Konzept von Sicherheit.

Kurz gesagt: Bindungsmenschen sind Erwartungserfüller und Autonome sind Erwartungsverweigerer. In beiden Fällen gibt es für die Betroffenen Probleme in der Beziehungsgestaltung.

HINWEIS: Häufig korreliert die Neigung zu Überangepasstheit beziehungsweise zu Überabgrenzung mit dem Bindungsstil: Menschen, die sich stark abgrenzen, weisen in der Regel einen *unsicher-vermeidenden Bindungsstil* auf. Menschen, die sich überangepasst verhalten, weisen einen eher *anklammernden Bindungsstil* auf. Menschen, die über einen sicheren Bindungsstil verfügen, befinden sich häufig in einer guten Balance zwischen Autonomie und Bindung. Allerdings können auch sie, aufgrund ihres angeborenen Naturells und/oder auch späterer Kindheitserfahrungen eher zu der einen oder zur anderen Seite tendieren.

Selbsterkenntnis: Bist du überangepasst?

Ist deine Balance aus dem Gleichgewicht geraten? Bist du überangepasst oder überabgegrenzt oder befindest du dich in einem guten Gleichgewicht zwischen Selbstbehauptung und Bindung?

Kreuze an, was auf dich zutrifft.

- ☐ Ich vertrete meine Bedürfnisse und Wünsche zu wenig.
- ☐ Ich reagiere eher, als Beziehungen aktiv mitzugestalten.
- ☐ Die Erwartungen und Bedürfnisse meiner Mitmenschen kann ich gut erkennen und bin bemüht, diese zu erfüllen.
- ☐ Nein zu sagen, fällt mir schwer.
- ☐ Wenn mir etwas nicht passt und ich mich ärgere, sage ich so lange nichts, bis es bei einer Kleinigkeit aus mir herausplatzt. Dann kann es sein, dass ich trotzig bin und erst einmal gar nichts mehr mache.
- ☐ Ich habe manchmal das Gefühl, ausgenutzt zu werden.

- ☐ Zu argumentieren fällt mir schwer, ich fühle mich schnell unsicher und habe das Gefühl, dass es sowieso nichts bringt.
- ☐ Ich begebe mich häufig in eine Opferrolle.
- ☐ Ich lebe unterschwellig in der Angst, Bindung zu verlieren.
- ☐ Bindung bedeutet für mich Sicherheit.
- ☐ Meine Gefühle und Bedürfnisse spüre ich kaum, oder deutlich besser, wenn ich alleine und nicht in Gesellschaft bin.

Bei vielen überangepassten Menschen hat ein starkes Gefühlsunterdrückungstraining bereits in der Kindheit begonnen, weil die Eltern mit bestimmten Gefühlen ihrer Kinder nicht gut umgehen konnten. Die Kinder mussten sich an dieses elterliche Unvermögen konstant (fehl-)anpassen. Überangepasste Menschen haben deswegen einen schlechten Zugang zu allen oder einigen Gefühlen oder sie fühlen ihre Gefühle nur gut, wenn sie alleine sind. Aufgrund der ständigen Gefühlsunterdrückung kann es ihnen immer mal wieder passieren, dass sie in manchen Situationen emotional überreagieren. Die ansonsten unterdrückten Gefühle explodieren dann. Oder sie leiden unter einer chronischen Anspannung, da sie stets mit Ablehnung oder Versagen rechnen und deswegen permanent auf der Hut sind.

Selbstheilung: Entscheide dich frei

Du gestaltest dein Leben in der Defensive, das heißt, dass du unheimlich bestrebt bist, *nicht* verletzt zu werden und *keinen* Misserfolg zu erleiden. Das gelingt dir, indem du dich häufig von deinen Gefühlen und Bedürfnissen abkapselst und dadurch deine Lebendigkeit und Authentizität opferst. Mach dir bitte klar, dass du auf deine eigenen Erwartungen (fehl)reagierst, die du aus deiner Vergangenheit mit deinen Eltern ableitest und nicht aus der Realität des Hier und Jetzt. Aufgrund deiner Vergangenheit erwartest du, abgelehnt und verletzt zu werden.

Stell dich deinem Urschmerz: der Scham der Zurückweisung, der Angst vor Zurückweisung, dem Schmerz der Einsamkeit und der Ohnmacht. Diese Gefühle möchtest du vermeiden, indem du versuchst, es allen recht zu machen. Mach dir klar: Es sind nur Gefühle. Gefühle, die zu deinen Eltern und in deine Vergangenheit gehören. Wenn du dein Leben darauf ausrichtest, diese Gefühle zu vermeiden, kannst du keine freien Entscheidungen treffen. Sei ab sofort achtsam, merke, wenn du wieder reflexartig »Ja« sagen willst, obwohl du »Nein« meinst. In solchen Momenten tritt innerlich einen Schritt beiseite und überlege, ob das Gefühl, dem du gerade ausweichen willst, *wirklich* etwas mit dem Hier und Jetzt zu tun hat oder ein altes Gefühl ist. Triff dann eine Entscheidung, die deiner heutigen, erwachsenen Situation angemessen ist.

Selbsterkenntnis: Bist du überabgegrenzt?

Die folgenden Aussagen können dir helfen herauszufinden, ob deine Balance zugunsten der Überabgegrenztheit aus dem Gleichgewicht geraten ist.

Kreuze an, was auf dich zutrifft.

- [ ] Mein eigenes Ding zu machen, ist mir sehr wichtig.
- [ ] Ich gehe wenig Kompromisse ein.
- [ ] In Konfliktsituationen mache ich dicht und mauere.
- [ ] In Konfliktsituationen verteidige ich meinen Standpunkt energisch.
- [ ] In Beziehungen habe ich die Sorge, meine Autonomie und Freiheit zu verlieren.
- [ ] Ich lege mich ungern auf etwas fest, am liebsten bin ich spontan.
- [ ] Ich kann mich am besten auf mich selbst verlassen.
- [ ] Mir fällt es schwer, anderen zu vertrauen.
- [ ] Erwartungen an mich lösen in mir einen Widerstand und Beklemmungen aus.

Auch überautonome Menschen mussten sich in ihrer Kindheit zu stark an die Eltern anpassen. Allerdings haben sie unbewusst eine andere Entscheidung getroffen, nämlich dass sie sich nicht unterdrücken lassen wollen und sich in diesem Leben am besten nur auf sich selbst verlassen: Aus Sicherheitsgründen halten sie andere Menschen auf Abstand.

Selbstheilung: Löse deinen Widerstand auf

Du hast einen starken, inneren Widerstand in dir aufgebaut, mit dem du deine Grenzen verteidigst. Nimm bitte mal innerlich Kontakt zu dieser Verhärtung, dieser Mauer in dir auf. Gib dem Gefühl Raum, das innerlich »Nein« schreit oder »Ihr könnt mich alle mal!«. Spür in dich hinein und verstehe auf einer ganz tiefen Ebene, wovor du dich beschützen willst. Verstehe, dass dieses Gefühl aus deiner Vergangenheit kommt. Du projizierst es auf viele Menschen, die dich im Hier und Jetzt umgeben. Ist es *wirklich* nötig, immer dagegenzuhalten, oder kannst du dich weicher machen? Was könnte eigentlich schlimmstenfalls passieren, wenn du mehr vertrauen würdest? Wenn du mal einen Kompromiss eingingest?

Dein Problem ist, dass du weder mit einem guten Gefühl »Ja« sagen kannst, weil du – wie als Kind – meinst, dich dann zu sehr zu verbiegen und »unfreiwillig« Erwartungen zu erfüllen; noch kannst du mit einem guten Gefühl »Nein« sagen, weil dich dann das Schuldgefühl aus Kindertagen einholt, die Eltern zu enttäuschen. Mach dir bitte klar: Die Welt da draußen besteht nicht aus Mama und Papa. Du bist heute vollkommen frei und kannst selbstverständlich »Nein« sagen und dagegen sein! *Aber ist das wirklich immer nötig?*

Wenn du sowohl bei »überangepasst« als auch bei »überabgegrenzt« einige Kreuzchen gemacht hast, dann bedeutet das, dass du zwischen beiden Zuständen hin und her schwankst. Das ist nicht ungewöhnlich. Viele Menschen, die zwischen Bindung und Autonomie nicht ganz ausbalanciert sind, pendeln zwischen Überanpassung und Überabgrenzung hin und her.

Bist du weder überangepasst noch überabgegrenzt, dann bist du in einer guten Balance zwischen Bindung und Autonomie.

Selbsterkenntnis: In Balance zwischen Bindung und Autonomie

Kreuze auch hier wieder an, was auf dich zutrifft.

- ☐ Ich kann Kompromisse eingehen, ohne das Gefühl zu haben, mich zu verbiegen.
- ☐ Ich sage »Nein«, wenn ich »Nein« meine, und »Ja«, wenn ich »Ja« meine.
- ☐ Ich kann mich mit meinen Mitmenschen und Konflikten auseinandersetzen, ohne meinen Standpunkt zu negieren oder den Kontakt abzubrechen.
- ☐ Ich kann vertrauen und mich auf Bindungen einlassen.
- ☐ Ich fühle mich authentisch und frei in der Gesellschaft anderer Menschen.
- ☐ Ich spüre meine Bedürfnisse und entscheide je nach Situation, ob ich für diese eintrete oder sie zugunsten der Gemeinschaft zurückstelle.
- ☐ Ich finde mich okay, wie ich bin.
- ☐ Erwartungen anderer lösen weder den sofortigen Impuls bei mir aus, sie zu erfüllen, noch einen reflexartigen Widerstand.

HINWEIS: An dieser Stelle wird deutlich, wie eng die Bindungs- und Autonomiefähigkeiten miteinander verwoben sind: Sie bedingen einander sogar. Bindung und Anpassung kann nämlich nur dann gut gelingen, wenn ich auch das Gefühl habe, für mich eintreten zu können, wenn es nötig sein sollte.

Selbsterkenntnis: Was hat dein Thema mit Autonomie und Bindung zu tun?

Nun möchte ich dich bitten, nochmals auf dein konkretes Thema zu schauen, das du auf Seite 33 notiert hast. Inwiefern geht dieses Problem auf den Umstand zurück, dass deine Balance zwischen Autonomie und Bindung gestört ist?

Bitte notiere deine Überlegungen hier:

____

____

____

Wenn du in den Übungen bemerkt haben solltest, dass dein Gleichgewicht zwischen Bindung und Autonomie aus der Balance geraten ist oder du Schwierigkeiten mit deinen Beziehungen hast, dann ist der folgende Exkurs für dich interessant. Denn die Folge einer Dysbalance von Autonomie und Bindung kann sowohl Verlustangst als auch Bindungsangst sein.

Exkurs: Habe ich Verlustangst oder Bindungsangst?

Menschen, die unter Bindungsangst leiden, kennen das folgende Phänomen: Wenn sie sich der Zuneigung eines Partners sicher sind, verliert er plötzlich an Attraktivität. Wenn der Partner sie dagegen in Unsicherheit lässt oder sich widersprüchlich verhält, sind sie rasend verliebt.

Was passiert da?

Solange ich mich in einer Partnerschaft nicht sicher und angekommen fühle (ein Zustand, der übrigens auch in einer lebenslangen Ehe vorkommen kann), schweigt die Angst vor dem Autonomieverlust, und die Verlustangst, also der Bindungswunsch, ist sehr aktiv. Von Verlustangst getrieben, wollen wir in diesem Zustand unbedingt die Zielperson an uns binden und tun alles dafür, die Kontrolle zurückzugewinnen. Frisch Verliebte leiden oft unter Verlustängsten, da der Beginn einer Liebesbeziehung meist von einer gewissen Unsicherheit auf beiden Seiten geprägt ist und die gefühlte Kontrolle gering ist. Deswegen ist der Zustand der frischen Verliebtheit auch so aufregend und so leidenschaftlich. Kontrollverlust schafft Leidenschaft. Wenn die Beziehung allerdings in sicheres Fahrwasser kommt, dann schlägt bei manchen Menschen die Bindungsangst zu. Nun geht es nicht mehr primär darum, das Liebesobjekt sicherzustellen, sondern darum, die Beziehung zu erhalten. Das löst bei bindungsängstlichen Menschen Erwartungsdruck aus. Aufgrund ihrer Kindheit tragen sie nämlich den unbewussten Glaubenssatz in sich: Wenn ich will, dass du mich liebst, dann muss ich deine Erwartungen erfüllen. Das löst Trotz und Widerstand aus, ihre Gefühle erkalten und sie treten den Rückzug an, was wiederum beim Partner Verlustangst schürt. Hierdurch entstehen in bindungsängstlichen Beziehungen unheilvolle Dynamiken.

Besonders bei Menschen mit einem unsicheren Bindungsstil kann die Verlustangst so groß sein, dass sie in ihnen nicht nur Unsicherheit, sondern regelrechte Panik auslöst. Frei nach dem Motto »Was ich nicht habe, kann ich auch nicht verlieren!« (zur Erinnerung: *Enttäuschungsprophylaxe,* Seite 66), siegt bei einigen Betroffenen das Vermeidungsmotiv, angetrieben von der Verlustangst. Einige gehen von Bord, bevor die Beziehung überhaupt richtig losgeht. Andere tänzeln vor und zurück, zerrieben zwischen ihrem Wunsch nach Bindung und ihrer Verlustangst.

Aber wie erkenne ich, ob ich unter Bindungsangst oder Verlustangst leide?

Selbsterkenntnis: Leidest du unter Verlustangst?

Schau dir dazu die folgenden Symptome an und kreuze an, welche auf dich zutreffen.

Verlustangst kann die folgenden Symptome produzieren:

- [ ] Verlustangst kann sich wie Liebe anfühlen (»Ich war noch nie so verliebt.«).
- [ ] Man kann kaum an etwas anderes als an die Beziehung denken (»Alle Gedanken kreisen nur um dich.«).
- [ ] Idealisierung des Partners.
- [ ] Starkes Bemühen, die eigene Anziehungskraft zu steigern, um den Partner von sich zu überzeugen (Man gibt sich unheimlich viel Mühe zu gefallen oder verhält sich strategisch, indem man beispielsweise Gleichgültigkeit vortäuscht, um den Partner eifersüchtig zu machen.).
- [ ] Angst und Unsicherheitsgefühle, was wiederum zu Trauer führen kann.
- [ ] Abhängigkeit und das Erleben von Kontrollverlust.
- [ ] Vernachlässigen eigener Interessen und selbstschädigendes Verhalten (»Das macht mich fertig.«).
- [ ] Selbstentwertung (»Was mache ich bloß falsch?«).
- [ ] Auslösung von Bindungsangst.

Übrigens muss man nicht chronisch unter Verlustangst leiden, wenn man die obigen Symptome kennt. Auch Menschen mit einem sicheren Bindungsstil können den Boden unter den Füßen verlieren, wenn sie an einen Partner geraten sind, der ihnen wenig Sicherheit vermittelt. Unabhängig davon, was die Ursache deiner Verlustangst ist, kann die folgende Übung helfen.

Selbstheilung: Fahr deinen Dopaminspiegel runter

Mach dir klar, in welchem Drama du dich gefangen wähnst und dass dieses Drama nur in deinem Kopf stattfindet: entweder, weil du einen Partner hast, der objektiv (von deinem Verstand aus betrachtet) dieses ganze Misstrauen nicht verdient. Oder weil du dir einen Partner ausgesucht hast, der sich nicht richtig auf die Beziehung mit dir einlässt, weil er zum Beispiel unter Bindungsangst leidet. Falls dein Partner dir keinen Anlass zu Eifersucht und Klammern gibt, dann löse deine Projektion auf. Stell in deinem Kopf eine ganz klare Trennung her zwischen dem, was du mit deinen Eltern erlebt hast, und der Realität deiner Partnerschaft.

Falls dein Partner sich nicht richtig auf die Beziehung mit dir einlässt, dann mach dir bewusst, dass du nicht wirklich um diesen einen Menschen kämpfst, sondern um den Kontrollverlust, den er oder sie dir ständig beschert. Im Grunde genommen willst du die Kontrolle zurückhaben. Kontrollverlust setzt Dopamin im Gehirn frei. Dopamin ist nicht allein das Glückshormon, sondern auch das Hormon des Habenwollens. Ein hoher Dopaminspiegel im Gehirn führt zur Idealisierung des Zielobjekts und befeuert enorm die Leidenschaft. Mach dir bitte bewusst, dass der hohe Dopaminspiegel in deinem Gehirn zur Illusion von großer Liebe und Leidenschaft führt. Liefer dich diesem Hormon nicht aus, sondern mach dir ein realistisches Bild von der Situation und von deinem Partner beziehungsweise deiner Partnerin.

Übrigens kämpfen wir nicht nur darum, die Kontrolle zurückzugewinnen, sondern auch um unseren Selbstwert. Wenn wir (zu Recht oder zu Unrecht) das Gefühl haben, der Partner sei uns nicht sicher, dann löst das automatisch auch eine Selbstwertkränkung aus. Das kann im Verbund mit unserem Kontrolltrieb den starken Impuls freisetzen, den Partner von unserem Wert zu überzeugen. Wir legen unseren Selbstwert bildlich gesprochen in die Hände des anderen. Mach dir diesen Zusammenhang bitte bewusst und werde dir darüber klar, dass das Verhalten deines Partners nicht deinen Wert bestimmt. Dein Wert ist unantastbar.

Selbsterkenntnis: Leidest du unter Bindungsangst?

Bindungsangst kann die folgenden Symptome produzieren. Kreuze an, welche davon auf dich zutreffen:

- [ ] Entwertung und Zweifel am Partner (Schwächenzoom).
- [ ] Suche nach dem perfekten Partner.
- [ ] Beklemmungsgefühle.
- [ ] Vermeidung von Nähe, Flucht in Hobbys, Arbeit oder Affären.
- [ ] Freiheitsdrang oder Wunsch nach mehr Zeit für sich alleine.
- [ ] Widerwillen sich festzulegen (Jein, Ja aber, noch nicht).
- [ ] Angst vor Erwartungen des anderen.
- [ ] Man verliert das Interesse an Sex mit dem Partner.
- [ ] Schuldgefühle.
- [ ] Plötzlicher Gefühlstod.

Hinter unserer Bindungsangst versteckt sich also entweder eine ausgeprägte Verlustangst und/oder eine übergroße Angst, vom Partner vereinnahmt zu werden. Häufig hängt das eine mit dem anderen zusammen. Zur Erinnerung: Überangepasste meinen, sie müssten, um ihrem Partner oder ihrer Partnerin zu gefallen, alle Erwartungen ihres Gegenübers erfüllen und sich verbiegen. Dies ruft in ihnen jedoch Trotz und Widerstand hervor, weil sie sich nicht selbst verlieren möchten. Um den Selbstverlust zu verhindern, gehen sie auf Distanz.

Selbstheilung: Lass deine Verletzlichkeit zu

Deine Bindungsangst hat nichts mit der Person deines Partners oder deiner Partnerin zu tun, sondern nur mit deinem Vertrauensproblem. Du zweifelst an deiner eigenen Liebenswürdigkeit, an deinem Wert. Deswegen meinst du, aufgrund deiner vergangenen Erfahrungen mit deinen Eltern, dass du dich für die Liebe verbiegen müsstest. Das erweckt Trotz und Widerstand in dir. Du beschützt dich vor Verletzung durch Überabgrenzung. Geh in Verbindung mit dir selbst. Du bist nämlich auch deinen eigenen Gefühlen gegenüber überabgegrenzt, da du deine Verletzlichkeit nicht spüren möchtest. Aber erst, wenn du sie zulässt und sie dir eingestehst, kannst du in eine echte und nahe Verbindung mit anderen Menschen kommen.

HINWEIS: Wenn du mehr zum Thema Bindungsangst und Beziehungsfähigkeit erfahren möchtest, kann ich dir meine Bücher »Jein« und »Jeder ist beziehungsfähig« empfehlen. Um zu viel Dopplung zu vermeiden, vertiefe ich diese Themen hier nicht weiter.

Egal ob du nun unter Bindungs- oder Verlustangst leidest, das Entscheidende ist herauszufinden, was genau hinter deinen Themen und Ängsten steckt. Viele unserer Ängste drehen sich um unseren Selbstwert.

Selbstwert

Das Selbstwertgefühl ist ein zentraler Baustein unserer menschlichen Psyche. Unser Selbstwert bestimmt nicht nur unser Lebensgefühl, er ist auch häufig verantwortlich für Probleme in unserem Alltag. Man könnte sagen, dass unser Selbstwert das Epizentrum unserer Psyche ist. Denn das Selbstwertgefühl ist auch ausschlaggebend dafür, ob und inwieweit unsere innere Balance zwischen Bindung und Autonomie gestört ist. Ein labiles Selbstwertgefühl ist außerdem die Ursache für Verlust- oder Bindungsangst. Es bestimmt darüber, ob wir uns mit anderen Menschen auf Augenhöhe fühlen oder wir uns häufig als unter- oder überlegen empfinden. Unser Selbstwertgefühl beeinflusst maßgeblich, ob wir eher Annäherungs- oder Vermeidungsziele verfolgen und ob wir uns selbst und anderen Menschen vertrauen können oder sehr viel Kontrolle benötigen.

Wie entsteht eigentlich das Selbstwertgefühl?

Vor allem unsere frühen Bindungen haben einen maßgeblichen Einfluss darauf, wie sich unser Selbstwertgefühl entwickelt. Der Grundstein für das spätere Selbstwerterleben wird bereits in der frühen Kindheit in Form von Urvertrauen oder Urangst gelegt. Während das Selbstwerterleben in den ersten zwei Lebensjahren noch diffus ist und wesentlich davon abhängt, ob die Eltern feinfühlig die Bedürfnisse ihres Kindes nach Bindung befriedigen, bildet sich der Wunsch, den Selbstwert zu stabilisieren oder zu erhöhen, in der späteren Entwicklung heraus. Unser Selbstwerterleben ist stark an sprachliche Botschaften und Erfahrungen gebunden, weshalb es auch ein gewisses Reflexionsvermögen voraussetzt. So entwickeln sich das Selbstbild und das Selbstwertgefühl über eine längere Entwicklungsspanne, die auch die Pubertät und Jugend einschließt.

HINWEIS: Ich möchte betonen, dass es so gut wie keinen Zusammenhang zwischen dem subjektiv empfundenen Selbstwert und unseren objektiven Fähigkeiten gibt. Das Selbstwerterleben wird wesentlich durch die Qualität der Bindungserfahrungen bestimmt und ist somit hochgradig willkürlich, auch wenn sich das für viele ganz anders anfühlen mag. Woher das kommen kann, wirst du anhand deiner Lernerfahrungen herausfinden.

Deine Lernerfahrungen bezogen auf deinen Selbstwert:

Die Erfahrungen, die wir mit unseren Eltern in Bezug auf die Themen Bindung und Autonomie gemacht haben, beeinflussen ganz wesentlich unser Selbstwertgefühl. Denn durch das Verhalten deiner Eltern hast du gelernt, ob du geliebt wirst und willkommen bist oder nicht. Diesen Prozess nennen wir in der Psychologie *gespiegeltes Selbstwerterleben*. Wenn die Mutter das Kind zum Beispiel anlächelt, ist dies für das Kind, als halte man ihm einen Spiegel vor, der zeigt, dass sich die Mutter über das Kind freut. Durch die Handlungen deiner Bezugspersonen wurde dir also gespiegelt, ob du okay bist oder nicht. Das gespiegelte Selbstwertempfinden ist eine tiefe Konditionierung, die ein Leben lang anhält. Wir fühlen uns alle ein bisschen wertvoller, wenn wir Lob und Anerkennung erfahren, und ein bisschen wertloser, wenn wir Kritik und Zurückweisung erhalten. Ein Beispiel: Wenn wir in unglücklichen Beziehungen einen scheinbar negativen Selbstwert gespiegelt bekommen, ist es wichtig, dass wir uns aktiv aus diesem Selbstwertspiegel herausnehmen, indem wir uns die Zusammenhänge bewusst machen. Wir tendieren dazu, uns selbst abzuwerten, statt uns zu behaupten, weil unser Selbstwertgefühl grundlegend verunsichert wurde.

Selbsterkenntnis: Was haben dir deine Eltern gespiegelt?

Um dir die Lernerfahrungen mit deinen Eltern leichter zugänglich zu machen, findest du hier hilfreiche Reflexionsfragen:

- Hattest du das Gefühl, deinen Eltern zu gefallen?
- Waren deine Eltern stolz, deine Eltern sein zu dürfen?
- Konntest du den Ansprüchen deiner Eltern genügen, oder hattest du das Gefühl, sie zu enttäuschen?
- Wurdest du um deiner selbst willen geliebt oder nur, wenn du etwas gut gemacht hast?

- War die Liebe deiner Eltern an Bedingungen gebunden?
- Gab es als Strafe Liebesentzug?
- Stand es dir zu, für deine Bedürfnisse einzutreten?
- Durftest du dich wehren und dich behaupten, ohne dafür zurückgewiesen zu werden?

Wenn du magst, notiere deine Gedanken dazu hier:

Wie ich schon in den Abschnitten zu unserem Grundbedürfnis nach Bindung ausgeführt habe, geht es letztlich immer um Erfahrungen von Verbundenheit. Wo auch immer du dich von deinen nächsten Bezugspersonen unverstanden, nicht richtig wahrgenommen, allein gelassen oder wenig geliebt gefühlt hast, wurde dein Bedürfnis nach Verbundenheit verletzt. Erlebte Liebe und Fürsorge durch die Eltern sind jedoch der Nährboden für ein intaktes Selbstwertgefühl.

Selbsterkenntnis: Mein Selbstwertgefühl

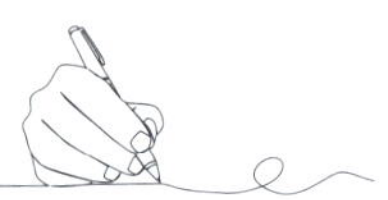

Nun spüre bitte einmal in dich hinein, welches Gefühl in dir aufkommt, wenn du an deine Erfahrungen mit deinen Eltern denkst. Vermutlich sind es auch mehrere Gefühle, angenehme, liebevolle und schmerzliche. Lass diese Gefühle bitte einmal zu und notiere sie hier:

Schau mal, inwiefern diese Gefühle und diese Erfahrungen, die du mit deinen Eltern gesammelt hast, dein Selbstwertgefühl beeinflusst haben.

Bist du dir eine gute Freundin, ein guter Freund? Magst du dich? Fühlst du dich im Großen und Ganzen okay? Oder magst du dich nicht, empfindest du Selbstzweifel, Schamgefühle oder gar Selbsthass? Bitte notiere hier dein gefühltes Selbstwerterleben:

HINWEIS: Für diejenigen, die Schwierigkeiten haben, ihre Gefühle wahrzunehmen: Besonders im Brust-Bauch-Bereich machen sich unsere Emotionen bemerkbar. Lenke deine Aufmerksamkeit auf diese Bereiche und schau, wie es sich dort anfühlt.

Selbstheilung: Befreie dich aus deiner Vergangenheit

Falls deine Eltern dir in einigen Aspekten oder grundsätzlich keinen so guten Selbstwertspiegel vorgehalten haben, dann dreh diesen Spiegel vor deinem inneren Auge um: Die negativen Botschaften deiner Eltern zeigen ihre Unwissenheit und Überforderung. Sie sind ein Spiegel ihrer selbst, nicht von dir! Deine Eltern haben es wahrscheinlich nicht böse gemeint. Sie haben vermutlich versucht, ihr Bestes zu geben, aber auch sie sind (oder waren) in ihren Prägungen gefangen. Deine Gedanken sind noch von deinen Erinnerungen geprägt, aber du bist nicht deine Vergangenheit! Hör auf, dich mit diesen negativen Gedanken zu identifizieren. Sie sind eine bloße Zuschreibung, eine Konstruktion in deinem Kopf. Die negativen Gefühle, die du empfindest, sind Reaktionen auf dieses Kopfkino.

Selbstheilung: Stopp den negativen Film – als Audio-Trance verfügbar

Mit dieser kurzen Trance (verfügbar unter www.penguin.de/stahl-arbeitsbuch) kannst du den Film in deinem Kopf anhalten und zum Guten wenden. Folgendes ist ganz wichtig: Falls du in der Erinnerung feststeckst und durch deine eigenen Augen auf das Geschehen schaust, musst du aussteigen! Sorge dafür, dass du auf dich selbst von außen blickst. Du siehst dir selbst zu.

Du sitzt im Kino, siehst dich selbst mit all diesen negativen Erfahrungen da hinten auf der Leinwand und stellst so einen Abstand zu deinen Erinnerungen her. Und nun verdichte diesen Film mit all seinen negativen Erinnerungen zu einem einzigen Foto. Halte dazu den Film an. Drücke die Pausetaste, sodass nur noch ein Standbild zu sehen ist. Jetzt hast du lediglich ein Foto in deinem Kopf, auf dem beispielsweise Vater, Mutter und Kind zu sehen sind. Dieses Foto kannst du dahingehend verändern, dass es dich weniger belastet. Spiele damit wie bei Photoshop. Versuche jetzt mal, diesem Bild die Farbe zu entziehen, bis es ganz transparent schimmert oder schwarz-weiß wird. Streue Glitzer über das Bild oder färbe es blau ein. Besser? Du kannst auch die Größe verändern: Verkleinere das Bild so, dass du es kaum noch erkennen kannst, und schieb es ganz weit von dir weg.

Wahrscheinlich verliert das Foto auf diese Weise seine emotionale Ladung. Es ist bloß noch eine Erinnerung, etwas Altes und Unbedeutendes. Du brauchst es heute nicht mehr ständig zu sehen. Pack es weg und konzentriere dich auf das Heute.

Wenn du magst, wiederhole noch einmal die vorherigen Selbstheilungen *Du bist richtig* auf Seite 49 und *Glaube an dich* auf Seite 61.

Eine Sache möchte ich dir versichern: Jeder Mensch verfügt über einen wahren, guten und heilen Kern. Dieser Kern steckt auch in dir. Du kannst diesen Kern spüren, wenn du ganz in die Gegenwart kommst. Zwar hast du vielleicht als Jugendliche oder als Erwachsene selbst Fehler begangen, die du dir irgendwann verzeihen musst. Aber diese falschen Entscheidungen resultieren nicht aus Bosheit. Vielmehr entspringen sie deinen Bemühungen, in der Welt zurechtzukommen und unverletzt zu bleiben. Sie resultieren aus den Selbstschutzstrategien (Seite 124), die wir früh entwickeln, um mit uns selbst und anderen zurechtzukommen.

Eltern als Vorbilder

Du bist jetzt tief in dein Selbstwertgefühl abgetaucht, das womöglich ein wenig fragil ist, aufgrund eines – zumindest teilweisen – Mangels an Verbundenheit mit deinen Eltern. Aber nicht nur die unmittelbare Interaktion zwischen dir und deinen Eltern und nahen Bezugspersonen hat einen Einfluss auf dein Selbstwerterleben, sondern auch das Vorbild, das sie für dich dargestellt haben, kann dich prägen.

Die Vorbildfunktion kann man grob mithilfe zweier Fragen erkennen:

1. Wie war das Selbstwertgefühl deiner Eltern?
2. Was haben sie dir an Verhaltensweisen und Werten vorgelebt?

Selbsterkenntnis: Das Selbstwertgefühl deiner Eltern

Schätze dazu bitte zunächst ein, wie du das Selbstwertempfinden deiner Eltern erlebt hast.

Wie selbstbewusst war meine Mutter?

0 ☐ 1 ☐ 2 ☐ 3 ☐ 4 ☐ 5 ☐

Wie selbstbewusst war mein Vater?

0 ☐ 1 ☐ 2 ☐ 3 ☐ 4 ☐ 5 ☐

Selbstheilung: Befreie dich von Anteilen, die nicht zu dir gehören

Halte bitte mal einen Moment inne und frage dich, wie deine Einschätzung des Selbstwertes deiner Mutter bzw. deines Vaters dein eigenes Selbstwerterleben beeinflusst hat. Wie viel von ihnen hast du im positiven oder negativen Sinne in dein Selbstwerterleben aufgenommen? Notiere hier, welche Anteile an hohem oder niedrigem Selbstwert deine Eltern sozusagen in dich hineingetragen haben. Hierzu können Sorgen, Ängste, Verhaltensweisen, Gefühle, bestimmte Einstellungen usw. zählen.

____

____

Nun imaginiere, dass du jene Anteile, die eigentlich nicht zu dir, sondern zu deinen Eltern gehören, ganz freundlich zurückgibst. Hat dir beispielsweise deine Mutter eine hohe Angepasstheit in Verbindung mit Ängstlichkeit in sozialen Kontakten vorgelebt, dann gib ihr diesen Anteil freundlich zurück und belasse ihn vor deinem inneren Auge bei ihr. So verfahre mit allen Anteilen, die du bei deinen Eltern belassen und nicht in dein Leben übernehmen möchtest.

Selbsterkenntnis: Die typischen Verhaltensweisen und Werte deiner Eltern

Es ist jedoch nicht nur der unmittelbare Selbstwert, den unsere Eltern uns durch ihre Verhaltensweisen vorleben, sondern in jeder Familie werden auch implizit oder explizit Werte vermittelt. Nächstenliebe, Gerechtigkeit, Ordnung, Sauberkeit, Fleiß, Zivilcourage, Harmoniestreben, Verlässlichkeit, Ehrlichkeit usw. können positive Werte sein. Andere Werte erlebt man vielleicht weniger positiv, wie beispielsweise, wenn das Aussehen oder das Ansehen der Familienmitglieder eine sehr wichtige Rolle gespielt haben. Oder wenn einem Geiz oder ein hohes Misstrauen gegen andere Menschen vorgelebt wurde.

Notiere hier, welche Werte deine Eltern dir im Guten wie im Schlechten vorgelebt haben:

Kamst du dir durch die Verhaltensweisen, Äußerungen und Werte deiner Eltern wertgeschätzt vor oder hat es in dir vielleicht ein unangenehmes Gefühl ausgelöst, den Ansprüchen deiner Eltern nicht gerecht zu werden?

Schreibe deine Gedanken dazu hier auf:

Selbstheilung: Mach eine persönliche Bestandsaufnahme

Vermutlich gibt es einige Werte deiner Eltern, denen du zustimmen kannst, und andere, mit denen du dich nicht identifizierst. Ich ziehe immer gern den folgenden Vergleich: Stell dir vor, du hättest ein Haus geerbt, das du nun besichtigst. Du stellst dir die Fragen: Was ist schön und kann bleiben? Was sollte vielleicht entrümpelt oder umgebaut werden? Wo müsste ich eventuell etwas anbauen? Entsprechend frage dich nun: Welche Werte meiner Eltern finde ich gut? Wovon möchte ich mich distanzieren? Welche Werte möchte ich leben, die bei meinen Eltern nicht vorkamen?

Werte, die bleiben können: ____________________________________

Werte, die ich nicht leben möchte: ______________________________

Neue Werte: ____

HINWEIS: Unterschiede zwischen den elterlichen und den eigenen Vorstellungen vom Leben können den Selbstwert ebenfalls schmälern. Sie können eine generelle Unsicherheit hervorrufen, ob man die Dinge richtig sieht und ob man ein Recht hat, sich anders zu verhalten. Zudem fehlt einem dadurch in mancherlei Hinsicht der Rückhalt vom Elternhaus.

Selbstheilung: Werde standpunktsicher

Falls du dich unsicher fühlst, ob du dich von einigen Werten deiner Eltern distanzieren kannst beziehungsweise ob deine neuen Werte okay sind, dann finde Argumente, die für deine Werte sprechen – oder eben auch dagegensprechen. Wenn du gute Argumente für deine persönlichen Werte gefunden hast, gib ihnen in deinem Gefühl Raum. Spür sie im ganzen Körper. Du kannst auch ein schönes Symbol für sie finden.

Sei in deinem Alltagsleben achtsam, ob du deine Werte genügend lebst. Werte stärken unser Selbstwertgefühl auf gesunde Weise, sie verleihen uns Halt und Kraft.

Es sind nicht nur die frühkindlichen Erfahrungen mit den Eltern, die das Selbstwerterleben prägen. Auch spätere Erlebnisse können unser Selbstbild noch in die eine oder in die andere Richtung verändern. Dies kann im negativen Sinne geschehen, wenn wir zu Schulzeiten viele Hänseleien erfahren oder im Erwachsenenalter ein Trauma erleben; oder aber im positiven Sinne, wenn wir eine Psychotherapie machen oder auf anderem Wege aktiv an unserem Selbstbild und Selbstwerterleben arbeiten.

Selbsterkenntnis: Wichtige Erfahrungen in deinem Leben

Welche späteren Erfahrungen haben dein Selbstwerterleben in die eine oder andere Richtung geprägt?

Notiere sie hier.

Selbstheilung: Nimm dich aus dem Selbstwertspiegel

Du erinnerst dich an den Selbstwertspiegel, den ich auf Seite 97 vorgestellt habe. Wenn du negative Erfahrungen gemacht hast, die deinen Selbstwert schmälern, frage dich: *Was sagt das Verhalten der anderen Menschen wirklich über meinen Wert aus?* Dreh den Spiegel um, so wie wir es schon einmal mit deinen Eltern auf Seite 100 getan haben. Nun zeigt er auf jene Menschen, die dich verletzt haben: Es ist ein Spiegel für ihr Verhalten und nicht für deinen Wert. Vielleicht ruft die Erinnerung an die vergangenen Erlebnisse Schamgefühle in dir hervor. Mach dir klar: Die Schamgefühle resultieren aus deinen Erinnerungen, diese sind nur Gedanken. Du musst dich nicht schämen. Wenn die Personen, die dich verletzt haben, ihr Verhalten reflektierten, dann würden sie sich schämen müssen.

Falls du unsicher bist, ob du einige Situationen mit verschuldet haben könntest, dann analysiere mit Abstand und rein aus dem Verstand, welche Anteile das sein könnten. Für diese Anteile kannst du die Verantwortung übernehmen, indem du dir sagst: »Ja, so war das.« Häufig treffen wir falsche Entscheidungen, weil wir uns beschützen wollen. In der Kindheit haben wir sinnvolle Selbstschutzstrategien erworben, die im Erwachsenenalter manchmal kontraproduktiv sind. Bringe Verständnis für deine Entscheidungen auf.

Nachdem wir uns ausführlich mit deinen frühen Kindheitserfahrungen und weiteren Erfahrungen beschäftigt haben, kommen wir nun nochmal zu deinem aktuellen Thema.

Selbsterkenntnis: Was macht dein Problem mit deinem Selbstwert?

Wenn du an dein Problem denkst, was macht das mit deinem Selbstwertgefühl?

Bitte schätze dein Erleben auf einer Skala von 0 – 10 ein.

0 ☐ 1 ☐ 2 ☐ 3 ☐ 4 ☐ 5 ☐ 6 ☐ 7 ☐ 8 ☐ 9 ☐ 10 ☐

Schau dir nun noch einmal genauer die Zahl an, die du angekreuzt hast, und frage dich, ob dieser Wert deinem allgemeinen Selbstwerterleben entspricht. Sind sich die Werte ähnlich, oder schwankt dein Selbstwertgefühl? Wenn du einen Unterschied in deinem Selbstwerterleben feststellst, wirst du weiter unten erfahren, woran diese Schwankungen im Selbstwertgefühl liegen können. Zunächst möchte ich jedoch noch eine Übung mit dir machen.

Selbsterkenntnis: In wessen Hände legst du deinen Selbstwert?

Wenn wir im Selbstwertspiegel gefangen sind, legen wir unseren Selbstwert in die Hände der anderen und machen uns von deren Zustimmung abhängig. Natürlich ist es individuell verschieden, wie stark dieser Selbstwertspiegel wirkt. Manche machen sich davon stärker, andere weniger abhängig. Aber grundsätzlich hat es die Evolution so eingerichtet, dass uns die Reaktionen unserer Mitmenschen nicht egal sind, damit wir anpassungsfähig sind. Wäre nämlich allen alles egal und keinem etwas peinlich, dann würde das Miteinander nicht funktionieren.

Notiere hier, welche Personen außer dir selbst bei deinem Problem eine Rolle spielen:

Kreuze an, wie du die Augenhöhe zwischen dir und den jeweiligen Personen einschätzt.

☐ Ich nehme uns auf gleicher Augenhöhe wahr, wir sind ebenbürtig, auch wenn wir einen Konflikt haben und unterschiedliche Meinungen vertreten.

☐ Ich fühle mich kleiner, ich stehe weiter unten; ich fühle mich abhängig oder nicht respektiert und nicht verstanden, der andere steht über mir.

☐ Ich stehe über dem anderen, ich bin unabhängiger und wähne mich im Recht, der andere steht unter mir.

Selbstheilung: Begib dich auf Augenhöhe

Tritt bitte innerlich einen Schritt zurück und nimm die ganze Weltgemeinschaft im Weitwinkel wahr. Mach dir klar, was uns alle verbindet: das Streben nach Liebe und Anerkennung; der Kampf, möglichst unverletzt durchs Leben zu gehen; der Kampf um die Existenz und den Sinn des Lebens; die Angst vor der Sterblichkeit sowie die Tatsache, dass wir alle sterben, ob in einem Jahr oder in 80 Jahren. Spür die Verbindung im Mitgefühl für dich selbst sowie für die anderen. Spür, dass wir eine Gemeinschaft sind und dass es sich nicht lohnt, in Kategorien wie über- und unterlegen zu denken.

Wie du vielleicht schon durch die Übungen zur Selbsterkenntnis und Selbstheilung bemerkt hast, schwankt unser Selbstgefühl häufig. Je nachdem, in welcher Situation wir uns befinden und in welcher psychischen oder auch körperlichen Verfassung wir sind, fühlen wir uns mal mehr und mal weniger wertvoll. Aber warum ist das eigentlich so?

Ein Grund, warum unser Selbstwertgefühl nicht stabil ist und wir uns manchmal klein, unsicher oder verletzlich fühlen, ist der, dass unsere ***Glaubenssätze*** je nach Situation für uns mal mehr und mal weniger spürbar sind.

HINWEIS: Glaubenssätze sind tief verankerte Überzeugungen, die eine Einstellung zu uns selbst oder zu unseren zwischenmenschlichen Beziehungen ausdrücken. Glaubenssätze sind kurze, prägnante Aussagen über unseren Selbstwert, und sie geben die Antwort auf die Frage, was wir tun müssen, um anderen Menschen zu gefallen. Wichtig zu wissen ist, dass Glaubenssätze zwar nicht bewusst abgespeichert werden, aber grundlegende Auswirkungen auf die spätere Lebens- und Beziehungsgestaltung haben.

Als Erwachsene können wir zum Glück – anders als Kinder – großen Einfluss auf unser Selbstbild nehmen, indem wir uns selbst reflektieren und uns unsere ***Glaubenssätze*** klarmachen. Im nächsten Kapitel kannst du dich mit deinen individuellen Glaubenssätzen beschäftigen.

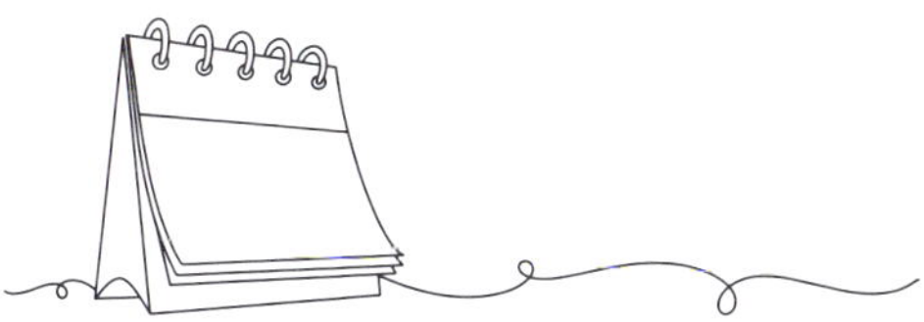

Was glaubst du?

Die meisten Glaubenssätze erwerben wir schon früh durch den Selbstwertspiegel, den wir durch unsere Eltern und andere wichtige Bezugspersonen erhalten. In der Regel verinnerlichen wir dabei sowohl positive als auch negative Glaubenssätze. Positive Glaubenssätze wie »Ich bin okay« entstehen in Situationen, in denen wir uns angenommen und geliebt fühlen. Negative Glaubenssätze wie »Ich bin nicht okay« entstehen in Situationen, in denen wir uns falsch und abgelehnt fühlen.

Welche Glaubenssätze trägst du in dir, die bewirken, dass du dich wertvoll oder wertlos fühlst?

Selbsterkenntnis: Deine Glaubenssätze

Spür in dich hinein und finde deine Glaubenssätze.

Typische positive Glaubenssätze sind:

- Ich bin okay.
- Ich bin wichtig.
- Ich darf ich sein.
- Ich kann etwas bewirken.
- Ich bin stark.
- Ich bin intelligent.
- Ich sehe gut aus.
- Ich kann vertrauen.

Kommen dir einige davon bekannt vor? Oder hast du ganz andere positive Glaubenssätze in dir? Dann schreib sie hier auf:

Vielleicht hast du auch wenige oder gar keine positiven Glaubenssätze gefunden. Das muss dich nicht beunruhigen oder bekümmern! Das ist kein unumstößliches Schicksal! Du kannst aktiv deinen Selbstwert und dein Selbstbild verändern.

Nun kommen wir zu den negativen Glaubenssätzen, die uns – anders als die positiven Glaubenssätze – häufiger Probleme im Leben bereiten.

Typische negative Glaubenssätze sind:

- Ich genüge nicht.
- Ich falle zur Last.
- Ich muss mich anpassen.
- Ich darf keine Fehler machen.
- Meine Meinung zählt nicht.
- Ich bin für deine Stimmung verantwortlich.
- Ich bin schuld.
- Ich bin hässlich/zu fett.
- Ich komme zu kurz.
- Ich bin ohnmächtig.
- Ich muss es allein schaffen.
- Ich darf nicht fühlen.
- Ich darf nicht leben.

Hast du einige Glaubenssätze als die deinen erkannt? Oder gibt es vielleicht noch andere negative Glaubenssätze in dir? Dann notiere sie hier:

____

____

Selbstheilung: Mach deine eigenen Regeln

Negative Glaubenssätze lösen meist deshalb so unangenehme Gefühle aus, weil sie mit schmerzhaften Erfahrungen zusammenhängen. Doch du bist nicht mit diesen Annahmen geboren worden, sie sind kein angeborenes Persönlichkeitsmerkmal. Erst im Laufe deiner Erfahrungen haben sie sich bei dir entwickelt. In welche Familie, wo und wann du geboren wurdest, hast du dir nicht ausgesucht. Du kannst nichts für die gesellschaftlichen Zustände, beispielsweise die Schönheitsideale oder Gehaltsverteilungen, und du kannst auch nichts für die Umstände und die Geschichte deiner Eltern. Mach dir also bitte bewusst, dass du im Kern unschuldig bist.

Deine Glaubenssätze sind die Annahmen eines Kindes, das versucht, sich einen Reim auf die Welt und auf das Verhalten seines Umfeldes zu machen. Wenn du also denkst: »Ich bin zu viel, ich muss mich zurücknehmen und darf nicht zur Last fallen«, hast du wahrscheinlich einfach nur erlebt, dass dein Umfeld überfordert war und dir nicht den Raum geben konnte, den du gebraucht hättest. Für diese Überforderung oder für andere Umstände kannst du als Kind aber nichts! Es sind die Erwachsenen, die die Verantwortung für ihre Kinder tragen. Gib die Verantwortung nun bewusst ab, indem du dir sagst, dass deine Glaubenssätze ein Irrglaube sind und du heute nicht mehr danach leben musst. Du bist erwachsen und kannst die Regeln selbst bestimmen.

Versuche, deinen alten Glaubenssatz einmal umzuformulieren. Welche neue Regel gilt jetzt für dich? Was möchtest du heute über dich glauben? Wenn du mehrere negative Glaubenssätze entmachten willst, nimm dir nicht mehr als drei vor. Das reicht für den Anfang. Meistens drehen sich unsere Glaubenssätze im Kern um dasselbe Thema.

Wichtig ist, dass du nicht einfach das Gegenteil von deinem alten Glaubenssatz formulierst. Schreib also nicht: »Ich bin KEINE Last«, anstatt »Ich bin eine Last«. Meist glauben wir uns das ohnehin nicht. Nimm lieber etwas, das sich für dich stimmiger anfühlt. Zum Beispiel: »Ich darf auch mal zur Last fallen.« Oder: »Meine Gefühle gehören zu mir. Ich darf alle davon zeigen.«

Alter Glaubenssatz: ____

____

Neuer Glaubenssatz: ____

____

Häufig fühlen sich neue Glaubenssätze noch etwas komisch und ungewohnt an. Kein Wunder, das sind sie auch. Schließlich hast du lange Zeit in deinem Irrglauben gelebt. Vielleicht traust du ihnen noch nicht ganz und bemerkst, dass sich eine Angst in dir ausbreitet, wenn du dir vorstellst, nach deinen neuen Glaubenssätzen zu leben. Geh hier ganz mitfühlend mit dir um und sage dir: »Ja, ich habe Angst, und das ist okay. Ich möchte nicht noch einmal dieselben schmerzlichen Erfahrungen machen wie früher. Aber heute bin ich erwachsen. Heute kann ich anders mit den Dingen umgehen, als ich das noch als Kind konnte.«

Wichtig ist, dass du deinen neuen Glaubenssatz nicht nur denkst, sondern auch fühlst. Deswegen sollte er unbedingt positiv, aber auch realistisch und für dich stimmig sein. Wenn dein neuer Glaubenssatz beispielsweise lautet: »Ich bin wichtig!« und sich dies viel zu groß für dich anfühlt, dann modifiziere ihn etwas. So könntest du beispielsweise formulieren: »Für meine Kinder bin ich wichtig.« Lass deine Kreativität wirken und nimm dir Zeit, denn ein positiv-realistischer Glaubenssatz hat eine große Heilkraft.

Warum du an negativen Glaubenssätzen festhältst

Falls du trotzdem einen inneren Widerstand gegen deinen neuen Glaubenssatz verspürst, dann ist die folgende Übung für dich wichtig.

Selbsterkenntnis: Decke den positiven Nutzen alter Glaubenssätze auf

Bei der Arbeit an den Glaubenssätzen bekomme ich von meinen Klienten immer wieder den folgenden Satz zu hören: »Theoretisch ist mir das alles klar, aber ich kann es trotzdem nicht ändern!« Die Betroffenen haben verstanden, dass es sich bei ihren alten Glaubenssätzen um willkürliche Prägungen handelt und ihre neuen Glaubenssätze die Realität viel besser abbilden, und trotzdem können sie den neuen Glaubenssatz einfach »nicht fühlen!«. Dann stelle ich immer die gleiche Frage:

Welchen unbewussten, positiven Nutzen könnte es für dich haben, am alten Glaubenssatz festzuhalten?

Unsere Psyche macht nichts, ohne einen guten Zweck zu verfolgen, auch wenn dieser, oberflächlich betrachtet, destruktiv wirkt. Deswegen spüre einmal ganz tief in dich hinein und stell dir eben diese Frage. Notiere hier, was dir spontan dazu einfällt:

Häufig halten Menschen aus Loyalität zu den Eltern an ihren negativen Glaubenssätzen fest. Wenn sie sich eingestehen würden, dass ihre Eltern *wirklich* Fehler gemacht haben, würde das zu starke Schmerzen auslösen. Das heißt, auf einer oberflächlich gedachten Ebene wissen sie zwar, dass ein paar Dinge früher nicht so einfach waren, aber sie lassen das nicht bewusst an sich herankommen. Gefühle wie Trauer, Wut und Enttäuschung werden hierdurch nur schwach oder gar nicht gefühlt. Der positive Nutzen ist, dass die Beziehung zu den Eltern beschützt wird.

Ein weiterer versteckter Nutzen dessen, in alten Glaubenssätzen steckenzubleiben, ist die schon mehrmals erwähnte ***Enttäuschungsprophylaxe***: Wenn ich daran festhalte, dass ich nicht genüge, dann halte ich automatisch meine Erwartungen flach und kann nicht so tief fallen.

Manche Menschen befürchten auch, dass sie Antrieb und Ehrgeiz verlören, wenn sie, so wie sie sind, tatsächlich genügen. Der alte Glaubenssatz stellt also Kontrolle über ihr Leistungsmotiv her. Im Dienst unseres Kontrollbedürfnisses steht auch der unbewusste Wunsch, die Schuld bei sich selbst zu verorten. Wenn ich nämlich nicht genüge, dann liegt es in meiner Hand, die Beziehung zu meinen Eltern oder anderen Menschen zu verbessern. So kann ich die Hoffnung auf ein Happy End pflegen. Ich habe schon an ein paar Stellen erwähnt, dass dies häufig auch in unglücklichen Paarbeziehungen der Fall ist: Das Festhalten an der vermeintlich eigenen Schuld verhindert die notwendige Trennungsaggression für das Beenden einer ungesunden Beziehung. Die Angst vor dem Alleinsein beziehungsweise der Wunsch nach Bindung ist zu groß, um diesen Schritt zu riskieren. Der Selbstwert wird also für die Bindung geopfert.

Kommen wir nun wieder zu deinem aktuellen Thema.

Selbsterkenntnis: Welche Glaubenssätze löst dein Problem in dir aus?

Welche Glaubenssätze du in deiner Kindheit entwickelt hast, hast du in der vorherigen Übung herausgefunden. Könnte es sein, dass einer dieser Glaubenssätze durch dein aktuelles Problem wieder hochkommt oder dass dein alter Glaubenssatz dein aktuelles Problem und dich beeinflusst? Sehr häufig ist der alte Glaubenssatz die Ursache für das aktuelle Problem. Vielleicht spürst du durch dein aktuelles Problem aber auch, dass du einen Glaubenssatz in dir trägst, der dir noch gar nicht bewusst war.

Schreibe auf, welche Glaubenssätze du wahrnimmst, wenn du an dein Thema denkst:

Auf Seite 98 habe ich dich gebeten, deinen Selbstwert zu reflektieren. Häufig decken sich die Glaubenssätze mit dem allgemeinen Selbstwertgefühl, aber Glaubenssätze können auch unterschiedliche Gefühle hervorrufen, je nachdem welche Bedeutung sie aufweisen. So wird ein Glaubenssatz wie »Ich bin peinlich« Schamgefühle triggern, während ein Glaubenssatz wie »Ich bin allein« Gefühle von Trauer, Einsamkeit und Ohnmacht auslöst. Wichtig ist, dass wir die Gefühle, die ein Glaubenssatz in einer bestimmten Situation auslöst, wahrnehmen. Denn nur, wenn ich das Gefühl wahrnehme, merke ich, dass gerade ein Glaubenssatz in mir aktiv ist. Ich kann mich dann »ertappen«. Ohne diese Verbindung zu unseren Gefühlen hätten Glaubenssätze gar keine große Macht über uns. Erst durch die Gefühle werden die Glaubenssätze für uns wahrnehmbar und mächtig.

Selbsterkenntnis: Nimm deine Gefühle wahr

Spür einmal in dich hinein. Welche Gefühle kommen auf, wenn du deine Glaubenssätze ganz bewusst wahrnimmst? Such dir mindestens einen und höchstens drei Glaubenssätze heraus und notiere, welche Gefühle sie in dir auslösen.

1. Glaubenssatz: ____________________

   Gefühl: ____________________

2. Glaubenssatz: ____________________

   Gefühl: ____________________

3. Glaubenssatz: ____

Gefühl: ____

Wenn sich bei dir jetzt schmerzhafte Gefühle wie tiefe Traurigkeit, rasende Wut oder auch Angst und Hilflosigkeit breitgemacht haben sollten, ist das ganz natürlich. Lass dich davon bitte nicht unterkriegen. »Du bist ein leuchtender Stern von Anfang an«, lautet ein Zitat des Psychologen und Psychotherapeuten Jens Corssen. Deine Glaubenssätze sagen nichts über deinen Wert aus. Sie sagen lediglich etwas darüber aus, wie du aufgewachsen bist und was dich geprägt hat. Sie spiegeln deine Einstellung zu dir selbst, die dem Hier und Jetzt deiner Realität nicht entspricht, sondern aus einer alten Überzeugung genährt wird.

Selbstheilung: Tröste dein inneres Kind – als Audio-Trance verfügbar

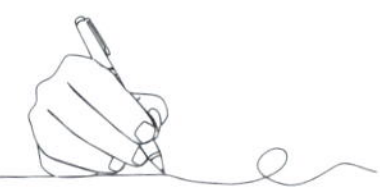

Die Trance kannst du auch anhören auf www.penguin.de/stahl-arbeitsbuch. Bitte umarme dich jetzt selbst einmal und sage dir in etwa Folgendes: »Du armes Kind, du hast einiges mitgemacht, dass du so schlecht über dich denkst. Das tut mir aufrichtig leid. Aber schau mal, das mit den Glaubenssätzen, das hat doch gar nichts mit dir oder deinem Wert zu tun. Deine Glaubenssätze sind vollkommen willkürlich und zufällig zustande gekommen. Du warst damals noch klein und hast alles auf dich selbst bezogen. Wenn Mama und Papa mal gestresst waren, hast du gedacht, du hättest etwas falsch gemacht. Oder wenn sie nicht so liebevoll waren, wie du es gebraucht hättest, dann hast du gedacht, dass es an dir liegt.« Bitte formuliere diesen Teil so, dass er auf deine Situation passt.

Und sage dir weiter: »Stell dir mal vor, Mama und Papa (oder wie auch immer du deine Eltern/Bezugspersonen genannt hast) *hätten ganz viel richtig gemacht. Stell dir vor, sie wären liebevoll, entspannt und einfühlsam gewesen. Dann hättest du jetzt doch völlig andere Glaubenssätze. Merkst du, dass die Glaubenssätze gar nichts über dich aussagen, sondern eigentlich nur etwas darüber, wie du Mama und Papa erlebt hast? Verstehst du nun, dass diese Glaubenssätze eigentlich viel mehr etwas über sie als über dich aussagen?«*

Du kannst dir ganz bildlich vorstellen, wie du alle Glaubenssätze in eine Kiste packst und sie deinen Eltern zurückgibst. Spüre die Erleichterung tief in deinem Inneren, wenn du erkennst: »Diese Glaubenssätze gehören gar nicht zu mir.«

Nun kannst du aufstehen und dich am ganzen Körper kräftig abklopfen. Nimm anschließend den Raum, in dem du dich gerade befindest, ganz bewusst wahr und komme wieder an: im Hier und Jetzt.

Selbstheilung: Ertappen und Umschalten

Ertappen und Umschalten bezeichne ich mit einem Augenzwinkern als das Steffi-Stahl-Mantra. Wenn du schon mein Buch »Das Kind in dir muss Heimat finden« gelesen oder meine Podcasts gehört hast, dann hast du damit schon Bekanntschaft gemacht. Im Wesentlichen geht es immer um denselben Punkt: Unterscheide die Vergangenheit von der Gegenwart! Befreie dich aus der Matrix deiner frühen Prägungen. Die Basisübung hierfür ist, dass man *merkt,* wenn man wieder im alten Muster gefangen ist und die Welt wieder durch den Blickwinkel des Inneren Kindes wahrnimmt. Also: Du kennst deine Glaubenssätze und die Gefühle, die sie auslösen. Bei dem Gefühl kannst du dich besonders gut ertappen, weil es spürbar ist und dich darauf aufmerksam macht, dass gerade ein Konflikt (Inkonsistenz) vorhanden ist. Sobald dieses altbekannte Gefühl in dir hochkommt, ertappe dich! Und dann schalte um auf dein Erwachsenen-Ich, deinen rational denkenden Verstand. Mit dessen Hilfe kannst du erkennen, dass du gerade wieder im falschen Film bist. Wenn du dich zum Beispiel gekränkt fühlst, dann ertappe dich sofort, schalte um auf dein Erwachsenen-Ich und frage dich: »Hat diese Kränkung wirklich im Hier und Jetzt stattgefunden oder hat sie eher mit meiner Vergangenheit zu tun?« Analysiere die Situation und stelle fest, ob du sie vielleicht sogar verzerrt wahrnimmst, weil ein alter Trigger bedient wurde.

Falls du dich rechtzeitig dabei ertappst, die Gefühle dich also noch nicht völlig vereinnahmen, dann kannst du dich und dein Verhalten noch rechtzeitig regulieren und angemessen auf die Situation reagieren. Auf sogenannte adaptive (angemessene) und maladaptive (unangemessene) Gefühle und Verhaltensweisen gehe ich später noch einmal näher ein. Besonders effektiv ist *Ertappen und Umschalten,* wenn du auf einen neuen, positiv-realistischen Glaubenssatz umschalten kannst, der angemessene Gefühle erzeugt. Probier das gern direkt mal aus.

Welchen neuen Glaubenssatz könntest du dir bei deinem aktuellen Problem sagen? Schreibe ihn hier auf:

Was kannst du von anderen Menschen erwarten?

Unsere Glaubenssätze sind ein zentraler Bestandteil unseres Selbstbildes. Wenn ich der Überzeugung bin, dass ich nicht genüge, dann rechne ich eher mit Ablehnung durch andere Menschen, als wenn ich mich grundsätzlich okay finde. Unser Gehirn berechnet seine Erwartungen häufig auf der Grundlage unserer Glaubenssätze. Aufgrund der Fehlerhaftigkeit unserer negativen Glaubenssätze fällt diese Berechnung oftmals falsch aus.

Selbsterkenntnis: Überlege, was du auf die folgende Frage antworten würdest.

Kann ich darauf vertrauen, dass andere mich akzeptieren und mich respektieren; dass sie für mich da sind, wenn ich sie brauche und sie mich beschützen?

Oder gehe ich davon aus, dass mich andere ablehnen werden, sie mich allein lassen oder mir sogar schaden wollen und mich verletzen werden?

Selbstheilung: Mach einen Faktencheck

Falls du eher mit Ablehnung rechnest, dann beantworte bitte die folgenden Fragen:

→ **1. Hat diese Erwartung etwas mit meiner heutigen Realität zu tun oder geht sie eher auf meine Kindheit zurück?**

→ **2. Wie oft hat sich diese Erwartung schon in meinem Erwachsenenleben erfüllt?**

→ **3. Falls sich diese Erwartung in meinem Erwachsenenleben schon öfter erfüllt hat, gibt es Anteile, die ich durch mein Verhalten selbst zu verantworten habe? Bin ich vielleicht manchmal zu grob im Umgang mit anderen Menschen … zu verschlossen … zu dominant … zu konfliktscheu und harmoniesüchtig?**

____

____

____

→ **4. Falls du eigene Anteile bei dir erkennst, inwiefern gehen diese auf deine Glaubenssätze zurück? Wenn du beispielsweise einen Glaubenssatz hast, der dich abwertet, könnte dieser dazu führen, dass du dich in manchen Situationen zu grob, zu verschlossen oder zu dominant verhältst. Das wäre ein klassischer Teufelskreis.**

____

____

____

Wenn du magst, wiederhole diese Übung noch einmal und wende sie auf dein aktuelles Thema an. Was erwartest du von deinem Konfliktpartner, falls es einen gibt? Rechnest du mit etwas Negativem? Ist diese Erwartung wirklich fair oder überträgst du Erfahrungen aus deiner eigenen Vergangenheit auf die aktuelle Situation? Mach den Faktencheck und kläre deinen Blick.

Kommen wir nun nochmal zurück auf die Auswirkung von Glaubenssätzen.

Selbsterkenntnis: Deine schützenden Lebensregeln

Glaubenssätze geben uns nicht nur die Antwort darauf, was wir von unseren Mitmenschen erwarten können, sondern sie geben uns auch eine Antwort auf die folgende Frage:

- → Was muss ich tun, um geliebt und gemocht zu werden?
- → Muss ich überhaupt etwas dafür tun oder werde ich um meiner selbst willen geliebt?
- → Was muss ich dafür tun, um respektiert und ernst genommen zu werden?
- → Darf ich so sein wie ich bin oder muss ich mich verstellen, mich anstrengen oder mich zurücknehmen?
- → Mache ich häufig das Gegenteil von dem, was von mir erwartet wird, um mir meine eigene Autonomie und Unabhängigkeit zu beweisen?

Was denkst du: Was musst du tun oder wie musst du sein?

HINWEIS: Die Antworten auf diese Fragen stellen quasi ***Lebensregeln*** für dich dar. Sie geben dir Kontrolle, führen somit zu Sicherheit, sind aber meist auch mit viel Anstrengung verbunden. Aus ihnen entstehen Verhaltensweisen – auch Schutzstrategien genannt –, die früher einmal sinnvoll und schützend waren, aber im Heute oft hinderlich sind. Denn meistens führen Schutzstrategien nicht dazu, die eigenen Bedürfnisse langfristig zu befriedigen. Im Gegenteil. Häufig entstehen daraus Vermeidungsverhalten oder weitere Konflikte.

Falls du dich in manchen Situationen etwas verbiegst oder sogar selbst verleumdest, um die Anerkennung anderer Menschen zu erhalten, dann handelt es sich um sogenannte Selbstschutzstrategien. Wie ich bereits unter dem Abschnitt *Bist du in der Balance zwischen Autonomie und Bindung?* (Seite 82–90) aufgeführt habe, neigen einige Menschen dazu, ihre gefühlte Minderwertigkeit durch Überanpassung zu kompensieren, andere eher durch Überabgrenzung. Vielleicht hast du in deiner obigen Antwort wieder eine entsprechende Tendenz bei dir festgestellt.

Selbstheilung: Imaginiere dein authentisches Ich

Jetzt schließ bitte für einen Moment die Augen und stell dir vor, du würdest diese Lebensregeln nicht mehr befolgen. Was würdest du stattdessen tun? Am besten stellst du dir hierfür eine konkrete Situation vor, in der du die »alten« Regeln typischerweise anwendest, und du spielst einen neuen Film vor deinem inneren Auge ab. Sammle Ideen, wie du dich authentischer verhalten könntest.

→ **Wie könntest du dich anders verhalten?**

→ **Welche Gefühle löst dies in dir aus?**

→ **Was verändert sich in der Situation? Wie würden die Menschen in deiner Umwelt auf dein neues Verhalten reagieren?**

Selbstheilung: Fühl dich gut – als Audio-Trance verfügbar

Nun möchte ich dich dazu einladen, das Gefühl der Freude zu erforschen. Es gibt so viele schöne, positive Gefühle: Liebe, Leichtigkeit, Freude, Spaß, Vertrauen, Lebenslust oder Gelassenheit, um nur ein paar zu nennen. Sich freudvollen Gefühlen zu nähern, ist nicht ganz so einfach, denn jeder weiß, dass die Freude sich nicht herbeipfeifen lässt wie ein wohlerzogener Hund. Freude möchte angelockt werden. Und das tun wir jetzt!

Mach es dir gemütlich und atme ein paarmal etwas tiefer ein und aus. Wenn du magst, kannst du beim Lesen auch immer mal wieder innehalten und die Augen schließen, bevor du weitermachst. Während du jetzt atmest, lässt du deine Aufmerksamkeit nach innen sinken und stellst dir vor, wie du am Meer stehst. Deine Augen blicken gen Horizont, deine Füße spüren den Boden, Sonne wärmt deine Haut, eine Meeresbrise spielt mit deinem Haar und es duftet nach Salzluft. Du spürst den Rhythmus der Wellen, er öffnet dich für die Freude, für freudvolle Erinnerungen … Ganz automatisch erinnerst du dich an Schönes. Vielleicht fällt dir eine freudvolle Situation ein, voller Begeisterung, wie bei einem Kind, das schaukelt. Wann hast du vor Freude die Arme hochgerissen? Wann hat die Freude dir ein Lächeln in dein Gesicht gezaubert? Die

Wellen kommen und gehen und dein Körper erinnert sich an diese Freude. Lass die Erinnerungen lebendig werden und spüre, wie sich die Freude in dir verstärkt. Heiße das Gefühl von Freude in deinem Körper willkommen. Erlaube dir, die Freude zu spüren, als leise Freude, als sprudelnde Freude, als unbändige Freude, als helle Freude.

Dann bitte deinen Körper darum, sich zu merken, wie sich diese Freude in dir anfühlt. Nimm noch einmal ganz bewusst wahr, wo du in deinem Körper die Freude spüren kannst. Und nun kannst du mit dir selbst ein kleines Codewort vereinbaren. Dein persönliches Codewort, das dir signalisiert: »Jetzt möchte ich mich an die Freude erinnern.« Vielleicht heißt dein Wort »Smiley«. Vielleicht heißt es »Freudenwelle«. Sicherlich findest du dein eigenes Signalwort für: FREUDE JETZT! Und in dem Wissen, dass die Freude dir immer zugänglich ist, kannst du nun in deinem Tempo ins Tagesbewusstsein zurückkehren. Stelle sicher, dass du wieder ganz im Hier und Jetzt ankommst.

Das zentrale Element unseres psychischen Bauplans ist, dass wir *fühlen*. Und zwar am liebsten gut!

Bis hierhin dürfte klar geworden sein, dass es letztlich immer um das Gefühl geht. Die Glaubenssätze, unsere Schattenkind-Annahmen und die damit einhergehenden Projektionen wären machtlos, wenn sie nicht so eng mit unserem Gefühlsleben verzahnt wären. Unsere Gefühle sind die Grundlage unseres Bewusstseins, sie bestimmen weitgehend unsere Entscheidungen und Handlungen. Das Wort »Emotion« kommt aus dem Lateinischen »emovere«, also »in Bewegung setzen«. Unsere Gefühle sagen uns: »Tu das oder lass das.« Sie geben die Richtung an, in die wir uns bewegen sollen. Ohne unsere Gefühle wäre unser Leben sinn- und vollkommen farblos. Letztlich sind es auch immer unsere Gefühle, die ein Problem erst zum Problem werden lassen. Ansonsten hätten wir kein Problem, denn nur das Gefühl verleiht dem Problem Gewicht beziehungsweise Schwere. Ohne unsere Gefühle wäre uns das alles egal.

Wenden wir uns also dem letzten psychischen Grundbedürfnis zu, das sich auf unser Gefühlsleben bezieht.

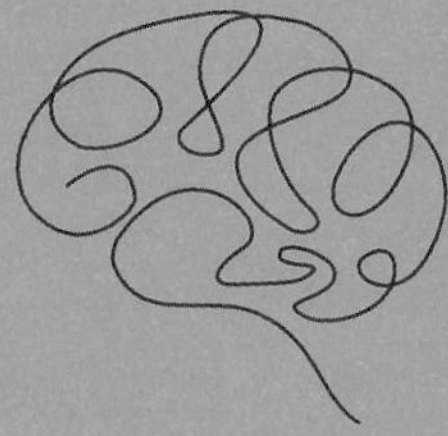

Was fühlst du?

Wir begeben uns jetzt in Gefilde, die für uns einerseits Schauplatz größter Freude und gleichzeitig Austragungsort immenser Schwierigkeiten sind: Wir beschäftigen uns mit unseren Gefühlen. Vielleicht fällt es dir nicht ganz leicht, den Fokus auf diesen essentiellen Teil des Lebens zu richten. Das geht vielen Menschen so. Ich bitte dich genau deshalb, am Ball zu bleiben und mitzumachen. Wir alle profitieren davon, wenn wir gut mit all unseren Gefühlen umgehen können.

Lustgewinn und Vermeidung von Unlust

Jeder Mensch ist motiviert, sich gut zu fühlen. Dafür hat die Natur durch den Überlebensinstinkt und andere starke Gefühle gesorgt.

Lust- und Unlustgefühle sind die Basis unseres emotionalen Erlebens. Gemeinsam bilden sie einen wichtigen Bestandteil unseres Motivationssystems (siehe dazu auch Seite 26).

HINWEIS: Dennoch besteht unser Leben nicht allein darin, guten Gefühlen hinterherzujagen. Häufig verzichten wir auf kurzfristigen Lustgewinn, um langfristige Ziele zu erreichen, die ein gewisses Maß an Disziplin und Frustrationstoleranz erfordern. Ansonsten würde kein Mensch die Schule oder eine Ausbildung bewältigen. Häufig nehmen wir auch unangenehme Gefühle in Kauf, um für andere Menschen da zu sein.

Wenn wir jedoch über Lust beziehungsweise Unlust sprechen, geht es in den meisten Fällen darum, dass und wie wir um seelische Schmerzen einen großen Bogen machen. Alte Verletzungen, tiefsitzende Ängste, Gefühle der Scham und

Ohnmacht werden lieber verdrängt und aus unserem Bewusstsein ferngehalten. Wir vollziehen häufig eine Art seelischer Hochleistungsakrobatik, um bestimmte Gefühle zu vermeiden. Dies tun wir auf zweierlei Wegen:

1. Wir verbannen vergangene schmerzhafte Erfahrungen aus unserem Bewusstsein.
2. Wir vermeiden potenzielle Verletzungen, die in der Gegenwart und Zukunft stattfinden könnten.

Wenn wir vergangene Erfahrungen aus unserem Bewusstsein verbannen beziehungsweise reflexartig verdrängen, sobald sie auftauchen, können wir sie nicht heilen. Heilung kann nämlich nur im Annehmen dieser schmerzlichen Gefühle geschehen. Unterdrücken wir sie, so brechen sie häufig an anderer Stelle hervor. Ein alter, unverarbeiteter Schmerz mündet dann plötzlich in einem Wutausbruch, der in keinerlei Verhältnis zum Anlass steht. Und damit dieser Schmerz möglichst selten gespürt wird, vermeiden wir Situationen. Man drückt sich vor Vorträgen oder einer Festtagsrede. Man geht einem dringend notwendigen Klärungsgespräch aus dem Weg. Manche fahren nur auf vertrauten Strecken Auto. Andere meiden größere Menschenansammlungen. Bindungsängstliche Menschen lassen sich nicht auf nahe Beziehungen ein. Verlustängstliche verharren in einer Beziehung, obwohl ihr Verstand sie anbrüllt, endlich den Absprung zu schaffen. Manche schieben die notwendige ärztliche Vorsorge oder die Steuererklärung endlos vor sich her. Es gibt viele Situationen, denen man ausweichen kann, um unangenehme Gefühle zu vermeiden. Und natürlich kann man Gefühle auch unmittelbar unterdrücken, sobald sie auftauchen. Das geschieht meistens reflexhaft und unbewusst.

In dem Kapitel *Was braucht deine Psyche?* ab Seite 15 hast du dich bereits damit beschäftigt, welche Dinge du am liebsten aufschiebst oder sogar ganz vermeidest. Lass uns nun mal schauen, welche Lust- und Unlustgefühle damit verbunden sind. Eigentlich geht es immer um das Gefühl und weniger um die Sache an sich!

Selbsterkenntnis: Geh den Dingen auf den Grund

Lies dir nochmal durch, welche Dinge du am liebsten vermeidest. Vielleicht sind dir bis hierhin noch andere Dinge eingefallen, denen du versuchst, aus dem Weg zu gehen. Wenn du magst, schreib sie hier auf:

____

____

Aber warum fallen dir diese Dinge eigentlich so schwer?

Du vermeidest sie wahrscheinlich, weil sie dir Unlust bescheren. Bitte schau einmal genauer hin und überdenke, welche **»unlustvollen« Gefühle** du mit deinen Verhaltensweisen zu vermeiden versuchst. Ist es die Angst vor den Inhalten eines Briefes oder die Angst vor einer möglichen schmerzhaften Behandlung beim Arzt? Hast du Sorge, bei einem Konflikt wütend zu werden und auszuflippen? Vielleicht hast du aber auch Angst vor Enttäuschung und Zurückweisung innerhalb einer Beziehung, weil du schon wieder verletzt werden könntest. Frage dich hier also einmal bitte, warum du diese Dinge nicht anpackst.

Welche Gefühle würden auftauchen, wenn du das anpacken würdest?

____

Selbstheilung: Nimm dein Gefühl mit

Erinnerst du dich noch daran, dass in der Psychologie meist nur noch von »unangenehmen« und nicht mehr von »negativen« Gefühlen gesprochen wird? Das liegt daran, dass wir kein Gefühl abwerten wollen. Alle Gefühle, auch die unangenehmen, haben einen Sinn. Sie sind ein Grundbaustein unserer Psyche und bewirken, dass wir uns als Menschen lebendig fühlen. Ohne unangenehme

Gefühle hätten wir auch keine angenehmen Gefühle. Wir brauchen beide, um in Balance zu sein. Wenn wir ein Gefühl nicht zulassen, sondern es verdrängen, wenn wir ständig auf der Hut vor diesem Gefühl sind und deswegen anfangen, Situationen im Hier und Jetzt zu vermeiden, wird unser Leben anstrengend. Wir verlieren ein Stück unserer Lebendigkeit, denn sobald ein Gefühl unterdrückt wird, wirkt sich das auch auf die anderen Gefühle aus. Das Gleichgewicht gerät aus der Balance. Das unterdrückte Gefühl ist außerdem nicht beseitigt, es lauert in einem Versteck in unserem Inneren und brodelt vor sich hin, wodurch die Angst vor diesem Gefühl meist nur noch stärker wird.

Es macht also Sinn, sich seinen Gefühlen zuzuwenden und sie bewusst zu fühlen. Vergegenwärtige dir nochmal eines der unangenehmen Gefühl aus der vorherigen Selbsterkenntnis.

Was für ein Gefühl ist das genau? ______________________________

Versuche nun, das unangenehme Gefühl zuzulassen. Fühle es in deinem Körper und nimm es wahr: als ein Gefühl, das dir nichts Böses will; als Gefühl, das jeder Mensch hat; als Gefühl, das ein Grundbaustein deiner Psyche ist; als Gefühl, das Lebendigkeit ausdrückt; als Gefühl, das da sein darf. In diesem Bewusstsein stell dir bitte die folgende Frage: Ist das Gefühl wirklich nicht auszuhalten oder könntest du auch trotz dieses Gefühls die anstehende Aufgabe erledigen?

☐ Ja, ich kann das auch mit meinem Gefühl machen.

☐ Nein, ich halte mein Gefühl einfach nicht aus.

Lebendig sein bedeutet zu fühlen. Und wenn ich lebendig bin, kann ich aktiv sein und das Leben mit allen Gefühlen leben. Einen Vortrag kann man zum Beispiel auch mit Angst im Bauch halten.

Falls du dich von deinen Gefühlen überfordert fühlst und du bereits weißt oder ahnst, dass hinter deinen Gefühlen traumatische Erfahrungen stecken, steig hier bitte nicht tiefer ein. Mach eine Pause und lenke dich etwas ab. Du darfst hier ruhig ganz bewusst aus deinen Emotionen aussteigen. Falls du das Gefühl haben solltest, alleine nicht weiterzukommen, hole dir gern Unterstützung, etwa durch eine Psychotherapie.

HINWEIS: Wenn du bei dieser Selbstheilungsübung Schwierigkeiten hast, deine Gefühle zu spüren, kannst du die Übung auf Seite 134 nutzen.

Selbsterkenntnis: Dein versteckter Glaubenssatz

Falls du in der vorangegangenen Übung »Nein, ich halte meine Gefühle nicht aus« angekreuzt haben solltest, prüfe doch mal, ob sich hinter deinem unaushaltbaren Gefühl ein negativer Glaubenssatz versteckt, den du unbedingt vermeiden möchtest. Hast du vielleicht Angst, zu scheitern und zu merken, dass du es mal wieder nicht auf die Reihe bekommen hast, weil du das sowieso schon von dir denkst (möglicher Glaubenssatz: »Egal was ich mache, ich reiche nie«), oder hast du Angst davor, von anderen abgelehnt zu werden, wenn du dich in die Situation begeben würdest (möglicher Glaubenssatz: »Ich gehöre nicht dazu«)? Identifiziere deinen Glaubenssatz.

Welcher Glaubenssatz ist aktiv? ____________________________________

____

Vielleicht stellst du fest, dass es sich wieder um denselben oder dieselben Glaubenssätze handelt, die du bereits auf Seite 111 gefunden hast. Vielleicht hast du hier aber auch noch mal einen anderen Glaubenssatz entdeckt. Nachdem du jetzt schon etwas Erfahrung hast im Umgang mit negativen Glaubenssätzen, mach dir noch mal bewusst, wie dein Glaubenssatz entstanden ist: durch negative Erfahrungen in deiner Vergangenheit. Führe dir vor Augen, dass deine Glaubenssätze Irrglauben sind und viel mehr über die Interaktionen mit deinen Bezugspersonen aussagen als über deine Person. Trenne die Vergangenheit von der Gegenwart. Heute bist du groß. Heute bist du erwachsen. Du musst nicht mehr an deinen Glaubenssätzen festhalten. Du kannst dich von ihnen lösen und die Brille deiner Kindheitstage abnehmen.

Selbstheilung: Dein neuer Glaubenssatz

Um deine Gefühlswelt zu verändern und zu verbessern, ersetze bitte deinen veralteten, in die Jahre gekommenen Glaubenssatz durch einen neuen, passenden und positiven Glaubenssatz.

Mein neuer Glaubenssatz: ______________________________

____

Achte aber auch hier wieder darauf, dass der Glaubenssatz nicht einfach das Gegenteil von deinem alten Satz ist. Denn häufig können wir uns das nicht glauben. Es sollte etwas sein, das du annehmen kannst und das sich für dich stimmig anfühlt.

Spüre, was sich verändert, wenn du diesen neuen Glaubenssatz als deine Basis nimmst. Wie fühlt sich dein Körper an? Kannst du spüren, wie etwas in dir leichter wird? Vielleicht spürst du gleichzeitig aber auch eine gewisse Schwere, eine Traurigkeit. Das ist okay. Schließlich wäre es schön gewesen, so einen positiven Glaubenssatz schon als Kind in sich getragen zu haben. Gehe hier ganz mitfühlend mit dir um und sage dir: »Ja, das wäre schön. Das hätte ich verdient gehabt. Jetzt spüre ich es und lebe das, was ich als Kind noch nicht konnte.«

Selbstheilung: Die positive Wendung

Stell dir vor, wie dein neuer Glaubenssatz dich in der Situation begleitet, der du ursprünglich aus dem Weg gehen wolltest. Spür dein neues Körpergefühl, spür deine angenehmen Emotionen, wenn du deinen neuen Glaubenssatz fühlst. Male dir aus, wie du die Situation mit diesem neuen, erwachsenen Mindset angehst. Vielleicht spürst du neben diesen neuen Gefühlen im Hintergrund noch etwas Unsicherheit oder andere unangenehme Gefühle. Diese Gefühle dürfen im Hintergrund einfach dabei sein. Sie bestimmen dich nicht. Du hältst das

Steuer in der Hand und kannst die Situationen mit all deinen Gefühlen meistern. Überlege: Wenn dein neuer Glaubenssatz zum Beispiel »Ich bin liebenswert«, für dich wahr und wirksam ist, wie würdest du nun reagieren? Was würdest du tun oder sagen? Welche neuen Verhaltensweisen erschließen sich dir?

Bitte schreibe mindestens drei neue Handlungsmöglichkeiten auf:

1. ______________________________

2. ______________________________

3. ______________________________

Dem ein oder anderen mögen diese Übungen noch etwas schwergefallen sein. Unangenehme Gefühle zuzulassen, steht ja auch erstmal im Widerspruch zu unserem Grundbedürfnis nach Unlustvermeidung. Daher ist es ganz natürlich, dass wir Menschen diese Gefühle am liebsten nie fühlen würden. Warum das dennoch wichtig ist, hast du nun gelernt.

Bei manchen Menschen sind diese Vermeidungsreflexe aber nicht nur in bestimmten Situationen vorhanden – manche Menschen sind notorische Gefühlsvermeider. Sie haben über alle Gefühle einen Schalldämpfer gelegt und ihre emotionale Temperatur ist konstant niedrig. Scheinbar sind sie psychisch sehr stabil, der Preis ist jedoch, dass sie sich wenig lebendig fühlen und ihr Leben eher wie ein Schwarz-Weiß-Film abläuft. Andere leiden unter viel zu intensiven Gefühlen. Sie fühlen sich von ihren Ängsten oder ihrer Eifersucht geradezu terrorisiert oder sie ertrinken in der Trauer. Diese viel zu starken Gefühlsreaktionen sind häufig der Grund, warum man bestimmten Situationen aus dem Weg geht. Egal ob wir Emotionen vermeiden, weil sie zu heftig ausfallen, oder wir sie durch eine gewisse Gefühlstaubheit blockieren – es geht darum, dass wir diese Gefühle nicht spüren wollen oder denken, sie nicht aushalten zu können.

Selbsterkenntnis: Wie nimmst du dein Gefühlsleben wahr?

Hast du zu all deinen Gefühlen einen guten Zugang (Freude, Liebe, Trauer, Angst, Wut/Ärger, Scham, Schuld, Eifersucht …) oder gibt es Gefühle, die du selten oder kaum fühlen kannst? Gibt es vielleicht auch Gefühle, die dich viel zu stark beherrschen? Kreuze an.

- ☐ Mir fällt es leicht, meine Gefühle wahrzunehmen und zu spüren.
- ☐ Ich habe einen schlechten Zugang zu meinen Gefühlen.
- ☐ Ich habe nur zu einem/zwei Gefühlen schlechten Zugang (z.B. Wut).
- ☐ Bestimmte Gefühle beherrschen mich viel zu intensiv (z.B. Verlustangst, Panikattacken, Trauer, Eifersucht).

Gibt es bestimmte Gefühle, denen du häufig ausweichst? Kreuze auch hier wieder an.

- ☐ Angst vor Ablehnung und Zurückweisung
- ☐ Versagensangst
- ☐ Schamgefühle
- ☐ Trauer
- ☐ Ohnmacht und Hilflosigkeit
- ☐ Schuldgefühle
- ☐ Wut

Vielleicht fallen dir noch andere Gefühle ein?

____

____

Selbstheilung: Erforsche dein Gefühl

Wähle ein Gefühl aus, das du in dieser Übung mal ganz bewusst zulassen möchtest. Wenn du Schwierigkeiten damit hast, deine Gefühle zu spüren, fällt es dir vielleicht leichter, wenn du zunächst an eine konkrete Situation denkst, in der du diese Emotion besonders stark oder wenigstens ein bisschen fühlen konntest. Schließ die Augen und richte deine Aufmerksamkeit ganz auf dich und deinen Körper.

→ Kannst du deine Emotion körperlich wahrnehmen?
→ Wie fühlen sich deine Brust und dein Herz an, wenn du an dieses Gefühl denkst?
→ Spürst du etwas im Bauch, vielleicht ein Ziehen, einen Druck oder ein Kribbeln?
→ Wie atmest du? Bekommst du gut Luft oder schnürt es dir den Hals zu?

Vielleicht nimmst du auch etwas ganz anderes wahr. Es gibt kein Falsch oder Richtig. Lass deine Empfindungen und dein Gefühl für diesen Moment zu, ohne es zu bewerten. Beobachte es wie ein Forscher oder eine Forscherin.

Falls dein Gefühl zu intensiv wird und du meinst, es nicht aushalten zu können, tritt einen Schritt zurück und betrachte dein Gefühl aus der Ferne. Erinnerst du dich an die Fernglasmetapher? Zoome einfach etwas heraus, wenn du magst, öffne kurz deine Augen. Schau dich im Raum um und mach dir bewusst, dass dein Gefühl nur eine Körperwahrnehmung im Hier und Jetzt ist, die mit deinen Erfahrungen aus der Vergangenheit zu tun hat. Atme noch mal tief ein und aus, ein und aus und versuche dann wieder langsam dein Gefühl wahrzunehmen und zuzulassen.

Dieses Heran- und Wegzoomen kannst du ein paarmal üben. Dadurch lernst du, dass du deine Gefühle fühlen kannst, ohne dass sie dich übermannen. Denn eigentlich ist das alles, was Gefühle wollen. Sie wollen uns nichts Böses, sie wollen uns nicht aus der Bahn werfen oder übermannen. Sie wollen nur gefühlt werden. Spiele etwas mit deinem Gefühl, nähere dich ihm langsam und halte inne. Wie gegenüber einem scheuen Tier, mit dem du dich vertraut machen möchtest. Hab Geduld mit dir. Du bist auf einem guten Weg.

Vom Vermeidungs- zum Annäherungstyp

Im Verlauf unserer Entwicklung spurt sich eine grundsätzliche Neigung ein, Situationen eher anzupacken oder zu vermeiden. Menschen mit einem hohen Vermeidungsmotiv haben (oft unbewusst) große Sorge, verletzt zu werden. Deswegen tun sie unbewusst viel dafür, damit sie nicht abgelehnt werden oder einen Misserfolg erleiden. Hinzu kommt oftmals, dass ihr Wille nicht so stark ausgeprägt ist. Wenn ich ein Ziel unbedingt erreichen möchte, braucht es einen starken Wunsch, einen klaren Willen. Menschen mit einem hohen Vermeidungsmotiv haben jedoch schon als Kinder gelernt, ihre Wünsche nach Nähe und Aufmerksamkeit zu unterdrücken, um nicht immer wieder enttäuscht zu werden. Um sich ihren Eltern bestmöglich anzupassen, haben sie keinen starken Willen entwickelt, der der Anpassung im Wege stünde.

Menschen mit einem hohen Annäherungsmotiv fühlten sich als Kind von ihren Eltern angenommen und verstanden. Ihr Selbstvertrauen führt dazu, dass sie sich Ziele setzen. Sie wollen zwar auch nicht scheitern, aber sie sind zuversichtlicher als die Vermeider, dass sie ein Scheitern überleben und wieder auf die Füße kommen. Deswegen sind sie mutiger, sich Herausforderungen zu stellen. Ihr gesamtes psychisches System ist nicht so auf Vermeidung ausgelegt, sondern eher auf »Hurra, packen wir's an!«.

Selbsterkenntnis: Wie ist das bei dir?

- [ ] Ich weiß meistens, was ich will.
- [ ] Herausforderungen nehme ich häufig an.

- [ ] Ich mache mir nicht so viele Gedanken darüber, was andere Menschen über mich denken.
- [ ] Wenn es nötig ist, spreche ich schwierige Dinge an.
- [ ] Ich habe gute Fähigkeiten, mich nach einem Tiefschlag wieder aufzurichten.
- [ ] In meinem Leben habe ich schon viele Ziele erreicht.

Falls du hier alles angekreuzt hast, bist du ein klarer Annäherungstyp. Falls du kein Kreuzchen gesetzt hast, befindest du dich in der Vermeidung. Vielleicht hast du aber auch nur ein oder zwei Kreuzchen gesetzt. Zu welcher Einschätzung kommst du zusammenfassend?

→ Ich bin eher ein Vermeidungstyp.
→ Ich bin eher ein Annäherungstyp.

HINWEIS: Nicht wenige Erfolgsmenschen, die im Außen Selbstbewusstsein, geradezu Charisma versprühen, leiden innerlich unter Selbstzweifeln und einem labilen Selbstwertgefühl. Scheinbar haben diese Menschen hohe Annäherungsziele, sie sind Macher und Anpackerinnen. Tatsächlich können sich dahinter jedoch starke Vermeidungsmotive verbergen, wie ein *Perfektionsstreben* im Beruf und *Rückzug* im Privatleben. Arbeitssucht ist eine beliebte Vermeidungsstrategie von Bindungsängstlichen, die ihre Arbeit vorschieben, um sich vor der Bindung zu verstecken.

Selbstheilung: Von der Vermeidung zur Annäherung

Erster Schritt: Nimm stehend eine Position im Raum ein. Visualisiere eine konkrete Situation, die du gern vermeidest. Erspüre mit dem ganzen Körper, wie sich die Vermeidung ausdrückt. Welche Gefühle kommen auf? Wie fühlt es sich im Körper an? Finde eine Körperhaltung und Bewegung, die zu deiner Vermeidung passt. Übertreibe die Bewegung. Spüre, was das mit dir macht. Wenn du fertig bist, schüttel dich aus und klopfe deinen Körper ab.

Zweiter Schritt: Visualisiere für dieselbe Situation ein Annäherungsziel. Visualisiere es weiter entfernt im Raum. Wenn du dieses Ziel klar vor Augen hast, finde einen positiven Glaubenssatz, der dich ermutigt. Gib dem Glaubenssatz in deinem Gefühl die Möglichkeit, sich zu entfalten. Nun bewege dich durch den Raum auf das Ziel zu. Nimm eine passende Körperhaltung ein, setze deine Schritte bewusst. Falls du Widerstand verspürst, mach dich durchlässig, lass ihn einfach abfließen und geh weiter. Wenn du dein Ziel erreicht hast, freu dich und lobe dich selbst.

Lass uns nun noch mal nach deinem individuellen Problem schauen.

Unsere Probleme sind mit unseren Gefühlen eng verzahnt. Der Schlüssel zur Lösung liegt daher in einem guten Zugang zu den eigenen Gefühlen. Wenn wir unsere Gefühle weder zu schwach wahrnehmen noch zu intensiv spüren, können wir auf unsere Probleme angemessen reagieren. Im Folgenden werden wir uns näher mit deinen Gefühlen beschäftigen, die im Zusammenhang mit deinem Problem auftauchen.

Selbsterkenntnis: Nimm deine Gefühle wahr

Bitte denk jetzt noch mal an dein Problem und lenk deine Aufmerksamkeit auf deine Gefühle. Notiere, was du bei den folgenden Fragen in dir wahrnimmst.

Wenn du an dein Problem denkst, was passiert dann in dir? Was spürst du jetzt gerade? Kannst du ein Gefühl oder auch mehrere wahrnehmen?

Ich spüre: ____

____

Vielleicht fühlst du statt einer konkreten Emotion eine Gefühlsäußerung. Das könnte so etwas sein wie: »Ich fühle mich, als ob ich alleine im Regen stehen gelassen werde« oder »Ich fühle mich wie vor den Kopf gestoßen«.

Wie fühlst du dich? Versuche den Satz zu beenden:

»Ich fühle mich, als ob …« oder »Ich fühle mich wie …« ____________________

____

Wie schmerzhaft fühlt sich das für dich an?

Schätze die Intensität deines Gefühls auf einer Skala von 0 – 10 bitte ein. 10 ist das Maximum an Intensität.

0 ☐ 1 ☐ 2 ☐ 3 ☐ 4 ☐ 5 ☐ 6 ☐ 7 ☐ 8 ☐ 9 ☐ 10 ☐

Der erste Schritt zur Heilung besteht darin, das Gefühl anzunehmen. Solange ich meine Gefühle vermeide, kann ich sie weder verarbeiten noch integrieren. Integrieren bedeutet, dass ich meine Gefühle wahrnehmen kann, ohne dass sie mich überwältigen. Wenn ich ein Gefühl gut integriert habe, kann ich es als einen Teil meiner Vergangenheit akzeptieren.

Selbstheilung: Hab Verständnis für dich – als Audio-Trance verfügbar

Diese Trance kannst du dir auch anhören auf www.penguin.de/stahl-arbeitsbuch. Es gibt einen guten Grund, warum dieses Gefühl da ist. Vermutlich gehört dieses Gefühl nicht unbedingt in deine Gegenwart, sondern hat mit Erfahrungen aus deiner Vergangenheit zu tun. Als Kind oder Jugendlicher hattest du gute Gründe, dich so zu fühlen. Jedes Gefühl hat seine Berechtigung und selbstverständlich haben Gefühle, die einer gegenwärtigen Situation entspringen, ebenfalls ihre Berechtigung. Vielleicht hast du die Befürchtung, dass dich ein Gefühl überwältigen wird, wenn du es zulässt. Da kann ich dich beruhigen. Wenn du deine Gefühle annimmst, werden sie nicht stärker, sondern schwächen sich sogar ein bisschen ab. Idealerweise nimmst du dein Gefühl an, ohne dich vollkommen mit ihm zu identifizieren.

Das geht, indem du dir bewusst machst, dass du viel mehr als dein Gefühl bist. Nimm innerlich einen kleinen Abstand zu dem Gefühl ein. Zoome raus und lass dein Gefühl im Hintergrund sein. Es muss nicht weg, es darf da sein, ohne dass du dich darin verlierst. Das Gefühl ist in dir und nicht andersherum. Geh liebevoll mit dir und diesem Gefühl um. Erlaube dir, dein Gefühl zu fühlen, aber versinke nicht in ihm. Bring Verständnis für dich auf: »Ja, das war ganz schön schlimm für dich. Und ja, das fühlt sich gerade schlimm an. Es tut weh. Denn du bist ein Mensch mit Gefühlen, wie alle Menschen. Du hast Bedürfnisse und Wünsche. Du darfst wütend sein, dich schämen, du darfst traurig sein, dich freuen, lieben und vermissen, du kannst neidisch und eifersüchtig sein und du darfst Angst haben. All das spürst du, weil du lebendig bist. Ein Mensch, der lebt und fühlt. Du bist ein fühlendes Wesen und das ist gut so.«

Wann sollten wir unseren Gefühlen lieber nicht trauen?

Wie du inzwischen vermutlich bemerkt hast, sind längst nicht alle Gefühle gute Berater. Besonders dann, wenn unsere Gefühle sehr intensiv sind, übernehmen sie gern das Steuer über unser Denken und unsere Handlungen. Oftmals blockieren sie dabei unseren Verstand, weshalb wir nicht mehr in der Lage sind, rational und angemessen zu handeln. Sie verführen uns zu Verhaltensweisen, mit denen wir unsere Beziehungen belasten und durch die unsere Probleme größer werden als vorher.

Wir sollten unseren Gefühlen vor allem dann nicht trauen, wenn sie aus unserem *Schattenkind* (siehe Erklärung auf Seite 20) resultieren. Jetzt wirst du dich vielleicht fragen:

»Woher soll ich denn wissen, ob das Gefühl berechtigt ist oder aus dem Schattenkind kommt?«

Die Antwort lautet, je bewusster du dir deiner alten Prägungen und der damit einhergehenden Gefühle bist, desto leichter erkennst du, um welche Art von Gefühl es sich handelt. Deswegen ist es so wichtig, einen guten Kontakt zu seinen Gefühlen zu finden, auch wenn das – zumindest vorübergehend – schmerzhaft ist.

Maladaptive Gefühle

In der psychologischen Fachsprache unterscheiden wir adaptive (angemessene) von maladaptiven (unangemessenen) Emotionen. Ein angemessenes Gefühl ist beispielsweise, auf einen Verlust mit Trauer zu reagieren oder auf eine Beleidigung mit Ärger. Unangemessen wäre es hingegen, auf eine Beleidigung ausschließlich mit Trauer zu reagieren. Eine Beleidigung der eigenen Person stellt eine Grenzverletzung dar: Sie kann uns bekümmern, wenn uns das Gegenüber wichtig ist. Zum Zweck des Selbstschutzes müsste sie aber auch Wut auf den Plan rufen. Falls die beleidigende Person einem gänzlich egal ist, könnte auch Gleichgültigkeit noch angemessen sein. Aber reine Trauer wäre die falsche Antwort auf eine Beleidigung. Sie wäre maladaptiv, weil sie den Betroffenen nicht zur Verteidigung motiviert, sondern dazu, den Schmerz gegen sich selbst zu richten.

HINWEIS: Warum wir mit maladaptiven Gefühlen reagieren: Wenn ein Gefühl sehr intensiv und nur schwer erträglich ist, tauschen wir es durch eine besser aushaltbare, meist maladaptive Emotion aus, was in der Psychologie auch als **sekundäre Emotion** bezeichnet wird. So versuchen wir unser eigentliches Gefühl, die **primäre Emotion**, vor uns und anderen zu verstecken.

Es gibt nicht wenige Menschen, die traurig sind, wenn sie eigentlich wütend (*primäre, adaptive Emotion*) sein müssten. Man bezeichnet sie als aggressionsgehemmt. Die Trauer ist in diesem Fall die *sekundäre, maladaptive Emotion*.

Ich habe schon viele Frauen psychotherapeutisch begleitet, die sich die größten Unverschämtheiten von ihren Partnern haben bieten lassen, ohne wütend zu werden. Die maladaptive Emotion der Trauer erstickt die Wut. Diese Frauen haben als Kinder von ihren Eltern gelernt, dass Wut nicht erwünscht, möglicherweise sogar gefährlich war. Sie haben ihre Wut – in Form von Trauer – dann gegen sich selbst gerichtet und hierdurch die Beziehung zu ihren Eltern geschont. Und so hat die Trauer auch in ihren erwachsenen Beziehungen die Funktion, den Beziehungspartner zu verschonen (maladaptiv). Hierdurch wird die notwendige Emotion der Wut blockiert, die zu einer gesunden Grenzsetzung (adaptiv), vielleicht in Form einer Trennung, führen würde.

Selbsterkenntnis: Welche primäre Emotion unterdrückst du?

Fällt dir auf Anhieb eine primäre Emotion ein, die du lieber durch eine sekundäre ersetzt?

Dann notiere bitte beide hier: ______________________________

____

Nun erforsche deine primäre Emotion und beantworte die folgenden Fragen:

1. Warum ist sie für mich so schlecht auszuhalten?
2. Ist sie ein altes Gefühl aus meiner Kindheit?
3. Welchen Handlungsvorschlag macht mir meine primäre Emotion?
4. Ist dieser Vorschlag sinnvoll und wenn ja, wie kann ich ihn konstruktiv umsetzen?

Achte bitte in deinem Alltag auf deine Gefühle und bemerke, wenn du sie unterdrückst oder sie durch eine sekundäre Emotion ersetzt. Gib deinen Gefühlen Raum, ohne dich mit ihnen direkt zu identifizieren. Bedenke immer: Es ist nicht die Situation als solche, die die Gefühle in uns erzeugt, sondern es sind unsere Gedanken in Form von Interpretationen, mit denen wir die Situation bewerten. Wir reagieren also auf unsere Gedanken.

Hier hast du Entscheidungsfreiraum: Überprüfe, ob deine Gedanken der Situation angemessen sind, indem du dich ertappst und umschaltest (Seite 119). Interpretierst du die Situation durch deine Schattenkindaugen? Fühlst du dich zum Beispiel unterlegen und reagierst deswegen wütend, ängstlich oder blockierst deine Gefühle? Dann korrigiere deine Wahrnehmung und begib dich wieder auf Augenhöhe.

Selbstheilung: Verändere den Blickwinkel

Stell dir vor, dass du dich in einer Situation befindest, die intensive, aber durchaus angemessene Gefühle hervorruft. Zum Beispiel bist du ziemlich nervös, weil dir eine Prüfung bevorsteht oder weil du ein wichtiges Gespräch mit einem Vorgesetzten führen musst. Dann atme tief durch und sage dir: »Ja, das ist jetzt so. Ich kann auch mit Angst die Prüfung bestehen« bzw. »Ich kann auch mit Angst ein Gespräch mit meiner Chefin führen«.

Übrigens hilft es sehr, das Vorstellungsbild zu verändern. Visualisiere die Situation und die Beteiligten im schönen Sonnenlicht, verändere die Farben, den Geruch usw. Das innere Bild, das wir uns von einer vermeintlich bedrohlichen Situation machen, besteht schließlich auch nur aus unseren Gedanken – die wir positiv verändern können.

HINWEIS: Wenn du in einer Situation bist, die du nicht verändern kannst und bei der du Widerstand in dir spürst, mach dir die Kosten deines Widerstandes klar. Innerer oder äußerer Widerstand kostet enorm viel sinnlose Energie in Situationen, auf die wir keinen Einfluss nehmen können. Hier hilft es nur, die Einstellung zur Situation zu ändern, indem man diese akzeptiert. Widerstand entspringt der Illusion und somit dem Wunsch, man könnte die Situation verändern. Widerstand ist ein vergeblicher Kontrollversuch. Akzeptiere, dass du keine Kontrolle hast, und nimm die Situation so an, wie sie ist! Wenn sie nicht akut ist (z.B. Autostau, Zugverspätung etc.), sondern Ängste erzeugt, die weit in der Zukunft liegen (z.B. Angst vor dem Altern und Sterben), dann begib dich gedanklich sofort wieder ins Hier und Jetzt.

Im Folgenden möchte ich mit dir noch einmal genauer betrachten, wie du mit Gefühlen von Wut und Aggression umgehst. Denn ein guter Umgang damit ist sehr wichtig für dich persönlich, aber auch für unsere Gesellschaft.

Selbsterkenntnis: Bist du aggressionsgehemmt?

Bitte erinnere dich an Situationen, in denen du wütend warst. Wenn dir nichts einfällt, kann das übrigens schon ein Hinweis auf eine Aggressionshemmung sein. Vielleicht gibt es Situationen, in denen du vom Verstand her weißt, dass du eigentlich hättest wütend sein sollen. Wie äußert sich deine Wut?

Kreuze an.

- ☐ Ich spüre meine Wut gut.
- ☐ Ich bin nie oder sehr selten wütend.
- ☐ Ich schlucke meine Wut meistens runter und sage nichts.
- ☐ Ich lasse andere spüren, wenn ich wütend bin und stehe für mich ein.
- ☐ Ich kann meine Wut kaum kontrollieren, sie platzt aus mir heraus.

In der Psychologie unterscheidet man die passive (kalte) Wut von der aktiven (heißen) Wut. Die aktive Wut ist gut erkennbar, da sie sich durch aktive Aggressionen äußert. Das kann durchaus konstruktiv sein, wenn man beispielsweise seine Argumente vorbringt und seine Gefühle äußert. Aber auch laut werden, streiten oder zuschlagen sind aktiv-aggressive Verhaltensweisen.

Die passive (kalte) Wut ist hingegen verdeckter, weswegen man auch vom passiven Widerstand spricht. Verweigerung, mauern, den anderen auflaufen lassen, trödeln oder auch zu spät kommen, können Verhaltensweisen der passiven Aggression sein. Diese Art von Wut entsteht besonders dann, wenn sich Wut immer wieder aufstaut und keinen Weg nach draußen findet.

Die passive (kalte) Wut ist auf ihre Weise sehr destruktiv, aus mehreren Gründen:

- → Der Angreifer gibt sich nicht klar zu erkennen, sondern agiert aus dem Hinterhalt.
- → Das Gegenüber hat keine Chance auf eine Klärung.
- → Die kalte Wut führt meistens nicht zur Klärung, sondern verschlimmert die Situation.
- → Die Beziehung wird belastet, da auf beiden Seiten immer mehr Frust entsteht.

Wann wir dicht machen oder auf den Putz hauen

Ob wir passiv oder aktiv aggressiv reagieren, hängt – wie so oft im Leben – von der Berechnung unserer persönlichen Chancen ab. Bei einem stärkeren Gegenüber ziehen wir uns eher zurück oder üben passiven Widerstand aus. Befindet sich das Gegenüber jedoch auf Augenhöhe oder wähnen wir uns sogar überlegen, dann wagen wir den Angriff. Schau doch noch einmal auf Seite 85, 70. Dort hast du bereits über dich erfahren, wie du deine Mitmenschen häufig wahrnimmst.

Selbsterkenntnis: Passive oder aktive Aggression

Kreuze an, wo du dich am ehesten einordnest.

Kalte, passive Wut	Heiße, aktive Wut
Vermeidest du den direkten Konflikt?	Gehst du in die direkte Auseinandersetzung?
Sprichst du die Dinge lieber nicht direkt an?	Trägst du den Konflikt offen aus?
Lässt du deine Wut durch die Hintertüre raus?	Zeigst du deine Wut direkt?

Selbstheilung: Passive Aggression auflösen

Falls du zu den Konfliktvermeidern gehörst, die eher passiv-aggressiv reagieren, dann unternimm bitte die folgenden Schritte:

→ **1. Analysiere, wo du das gelernt hast. Wie sind deine Eltern mit deinen Wutgefühlen umgegangen? Welche Vorbildfunktion hatten sie? Wie sind sie mit ihren eigenen Wutgefühlen umgegangen?**

____

____

____

→ **2. Mach dir bewusst, dass du heute erwachsen bist und dein Umfeld nicht automatisch so wie deine Eltern reagiert. Du kannst dein Leben frei gestalten und darfst deine Gefühle fühlen.**

→ **3. Frage dich, ob dein Umgang mit Wut fair ist. Fairness ist ein guter Wert, um seine Angst vor einem Konflikt zu überwinden.**

Durch deine Konfliktscheu hat dein Gegenüber keine Chance,

- etwas klarzustellen. Vielleicht hast du nämlich etwas in den falschen Hals bekommen.
- dich auf deinen Anteil in der Situation hinzuweisen. Vielleicht hast du unbewusst etwas dazu beigetragen.
- sich zu entschuldigen und es wiedergutzumachen.
- es beim nächsten Mal besser zu machen.

Bevor du also reflexartig den Kopf einziehst oder »Ja« sagst, obwohl du »Nein« meinst, frag dich: »Ist das fair? Gebe ich meinem Gegenüber damit eine Chance?«

→ **4. Denk an deinen positiven Glaubenssatz, begib dich auf Augenhöhe und sprich die Dinge an beziehungsweise sage Nein, wenn du etwas nicht möchtest. Bedenke: Es geht keine Information verloren, wenn du etwas freundlich sagst! Du kannst alles freundlich ansprechen und somit die Beziehungsebene zu deinem Konfliktpartner halten – wenn du das möchtest.**

In meinem Buch »So stärken Sie Ihr Selbstwertgefühl« gebe ich noch einige wertvolle Tipps zum Umgang mit Konflikten. Empfehlen kann ich auch das Buch von Nicole Staudinger, »Leicht gesagt. Wie wir richtig rüberbringen, was nicht falsch ankommen soll. Gute Kommunikation für bessere Beziehungen«.

Selbstheilung: Reguliere deine aktive Aggression

Wenn du zu jenen gehörst, die zu aggressiv reagieren, du also gern mal mit Kanonen auf Spatzen schießt, geh bitte die folgenden Schritte durch:

→ **Deine Wut resultiert aus deinem Schattenkind, das sich schnell getriggert fühlt und aus einer verzerrten Wahrnehmung heraus agiert. Ganz häufige Trigger sind Gefühle von Ohnmacht, Unterlegenheit und der (Fehl-)Einschätzung, man würde respektlos behandelt beziehungsweise übergangen werden. Bitte analysiere deine Trigger.**

→ **Spiel in deinem Kopf alte Situationen durch, in denen du zu aggressiv reagiert hast, und überlege, wie du hättest besser und angemessener reagieren können. Das hilft dir, deine Wahrnehmungsverzerrung aufzulösen und für zukünftige Situationen vorbereitet zu sein. Mach dir unbedingt klar: Du bist auf Augenhöhe mit anderen Menschen!**

→ **Finde Strategien, wie du dich akut beruhigen kannst (zum Beispiel: erstmal bis zehn zählen; ganz tief einatmen, Luft anhalten und langsam wieder ausatmen; einen positiven Glaubenssatz parat haben etc.).**

→ **Übe dich im Argumentieren, das reduziert Ohnmachtsgefühle. Bedenke: Es geht nicht um Über- oder Unterlegenheit. Es geht auch nicht darum, Recht zu haben, sondern darum, in einer Sache gemeinsam weiterzukommen und eine Lösung zu finden. Ich wiederhole: Es geht keine Information verloren, wenn man etwas freundlich sagt!**

Auch wenn wir alle unangenehme Gefühle lieber vermeiden würden, ist es von Mensch zu Mensch verschieden, welche Emotionen tatsächlich verdrängt werden. Für den einen ist Trauer kaum auszuhalten, für den anderen ist es Wut oder wieder eine andere Emotion.

Aber warum ist das so?

Häufig besteht ein Zusammenhang mit kindlichen Prägungen, also damit, wie unsere Eltern mit unseren Emotionen umgegangen sind. Können Eltern beispielsweise nicht mit Wut umgehen, lernt ein Kind früh, seine Wut zu unterdrücken.

Selbsterkenntnis: Wie ist das bei dir?

Gab es Emotionen, die bei dir zu Hause nicht gern gesehen oder untersagt waren, vielleicht sogar bestraft wurden? Welche Gefühle konntest du zeigen und welche konntest du nicht ausleben? Für welche Gefühle gab es vielleicht keinen Platz, weil deine Eltern so belastet waren mit ihren eigenen Gefühlen? Schreibe sie hier auf.

Diese Emotionen stellen deine dir bekannten, zentralen Kindheitsemotionen dar. Ob du sie nun als Kind besonders stark erlebt und zunächst auch ausgelebt hast oder gelernt hast, sie schnell herunterzuschlucken und in dir zu verbergen – sie können auch heute noch in dir ausgelöst werden, obwohl sie im Hier und Jetzt nicht immer passend, also *maladaptiv*, sein mögen.

Lass uns nun schauen, ob dein Gefühl maladaptiv sein könnte.

ZUR ERINNERUNG: Maladaptiv ist ein Gefühl immer dann, wenn es nicht zu der Situation passt (und wenn das Gefühl zu stark oder auch zu schwach ausfällt und somit nicht dazu führt, dass die eigentlich dahinter liegenden adaptiven Bedürfnisse befriedigt werden). Ein Beispiel dafür ist, wenn ich Liebesgefühle kaum zulasse, obwohl ich in einer gut laufenden Beziehung bin und ich mir auch eigentlich eine Beziehung wünsche.

Selbsterkenntnis: Ist dein Gefühl maladaptiv?

Denke wieder an dein ursprüngliches Problem und beantworte folgende Fragen.

Ist mein Gefühl der Situation oder dem Problem angemessen? Um diese Frage zu beantworten, kann es hilfreich sein, dir vorzustellen, wie andere sich in dieser Situation fühlen würden.

____

____

Ist meine Emotion hilfreich, um mein Problem zu lösen? Oder führen meine Gefühle dazu, dass ich noch mehr Probleme habe? Wenn ja, welche?

____

____

Selbstheilung: Verzeih dir

Solltest du jetzt gemerkt haben, dass deine Gefühle übertrieben oder nicht passend sind, kann es sein, dass sich weitere unangenehme Gefühle in dir breitmachen. Vielleicht schämst du dich, vielleicht fühlst du dich schuldig oder bist wütend auf dich. Bitte erinnere dich daran, dass deine Gefühle – auch wenn sie nicht immer zum Hier und Jetzt passen – einen triftigen Grund haben. Sie entspringen deinen vergangenen Erfahrungen. Darum sind sie auch psycho-logisch. Führ dir diese Logik vor Augen und geh mitfühlend mit dir um. Mach dir klar, dass es nicht darum geht, dass nie wieder maladaptive Emotionen in dir hochkommen dürfen; du hast ja schließlich erlebt, was du erlebt hast. Darum ist es auch verständlich, dass du dich so fühlst. Du bist ein Mensch wie jeder andere. Als Mensch geht es nicht darum, »richtig« oder »falsch« zu fühlen. Sondern darum, die eigenen Gefühle zu verstehen und sie regulieren zu können.

Selbstheilung: Reguliere deine Gefühle

Hier stelle ich dir vier Techniken vor, mit denen du deine Gefühle in Akutzuständen gut regulieren kannst. Wenn eine Emotion schon sehr stark ist, weil du sie nicht mit *Ertappen und Umschalten* abfangen konntest, dann hilft nur Ablenkung.

→ Lenk dich gedanklich ab

Bitte zähle so schnell und fehlerfrei wie möglich von 248 in 7er-Schritten rückwärts.
248 - 241 - 234 - ….

→ Komm in Bewegung

Falls du sitzt oder liegst, stehe auf und geh in einen anderen Raum. Suche dir dort eine freie Wand und »setze« dich so an die Wand, als ob du auf einem Stuhl Platz nehmen würdest. Bleibe so lange wie möglich in dieser Haltung. (Diese Technik funktioniert übrigens auch gut bei ständigem Grübeln.)

→ Nutze deine Sinne

Lass kaltes Wasser über deine Handgelenke laufen, wasch dir das Gesicht mit kaltem Wasser, geh kalt duschen oder lutsche einen Eiswürfel. Oder beiß in eine Chili.

Maladaptive Gefühle führen zu maladaptiven Handlungen. Maladaptive Emotionen und Verhaltensweisen bewirken oftmals das Gegenteil von dem, was man sich eigentlich wünscht. Anders als maladaptive Gefühle führen adaptive Gefühle zu einem sinnvollen Handlungsvorschlag.

Lass uns nun schauen, welche Handlungsvorschläge deine Gefühle in dir auslösen.

Selbsterkenntnis: Welche Verhaltensimpulse löst dein Problem in dir aus?

Hier soll es nun um deine ganz konkreten Verhaltensweisen gehen, die dein Problem auslöst. Überlege dir dazu Folgendes und notiere deine Antworten.

→ **Was würdest du am liebsten sagen? Oder würdest du am liebsten gar nicht reagieren?**

→ **Was würdest du am liebsten tun oder auch gerade nicht tun?**

Selbsterkenntnis: Ist dein Verhalten maladaptiv?

Wenn du deine Wünsche und die Folgen deines Verhaltens miteinander vergleichst, Hand aufs Herz, …

→ ist dein Verhalten wirklich hilfreich oder ist es eher kontraproduktiv, um deine Wünsche zu erfüllen?

→ trägt es zur Lösung deines Problems bei oder verschlimmert es die Situation?
→ hilft es dabei, dein adaptives Bedürfnis zu stillen, oder führt es zu weiteren Bedürfnisfrustrationen?

Selbstheilung: Übernimm Verantwortung

Wie ich bereits in der vorherigen Heilung »Verzeih dir« geschrieben habe, ist es wichtig, sich für maladaptive Gefühle nicht zu verurteilen, sondern Verständnis für die eigene Gefühlslage zu entwickeln. Dasselbe gilt für maladaptive Verhaltensweisen. Du verhältst dich (höchstwahrscheinlich) nicht so, weil du böse bist und anderen oder dir absichtlich schaden willst. Du verhältst dich so, weil du dich schützen willst. Auch wenn im Hier und Jetzt vielleicht keine wirkliche Gefahr droht – das Schattenkind in dir nimmt die Gegenwart verzerrt wahr und fühlt sich nicht sicher. Daraus entstehen die meisten schädlichen Verhaltensweisen. Mach dir das bewusst und verzeih dir dafür. Sich hinter Schuld- oder Selbstmitleid zu verstecken, bringt keinem etwas. Nimm deine Verhaltensweisen also, genau wie deine Gefühle, an und übernimm die Verantwortung für dich.

Überleg dazu einmal, was du dafür tun müsstest, um Verantwortung zu übernehmen. Müsstest du dich bei jemandem entschuldigen? Müsstest du anderen deine Verhaltensweisen vielleicht erklären? Müsstest du dich mehr abgrenzen und sagen, was du denkst? Oder müsstest du dich, wie du es mit diesem Arbeitsbuch bereits tust, noch mehr mit dir selbst beschäftigen und dich reflektieren?

Schreib auf, was du tun müsstest:

___

___

___

Wenn wir uns maladaptiv verhalten, greifen wir meistens auf die immergleichen Selbstschutzstrategien zurück, die wir häufig schon in der Kindheit erworben haben. Hierauf möchte ich nochmals näher eingehen.

Selbstschutz im Dienste von Bindung und Autonomie

Erinnerst du dich noch an deine psychische Grundstruktur? Bindung und Autonomie stellen nicht nur zwei unserer psychischen Grundbedürfnisse dar, sie spielen außerdem eine zentrale Rolle in unseren sozialen Interaktionen, also unserem Verhalten. Wer auf der Seite der Bindung steht, wird eher angepasstes oder sogar überangepasstes Verhalten zeigen. Wer auf der Seite der Autonomie steht, wird sich eher abgrenzen und sich um seine Freiheit bemühen. Im Abschnitt *Bist du in der Balance zwischen Autonomie und Bindung?* ab Seite 82 hast du bereits herausgefunden, ob du überautonom oder überangepasst bist.

Lass uns jetzt einmal schauen, wie sich deine Grundstruktur bei deinem konkreten Thema äußert.

Selbsterkenntnis: Dein Bindungs- und Autonomieverhalten

Wie beeinflusst deine (Dys-)Balance zwischen Bindung und Autonomie deine aktuellen Verhaltensimpulse? Kreuze an, was auf dich zutrifft.

☐ Ich habe überangepasste Verhaltensimpulse und bemühe mich um die Bindung.
z.B.: nicht sagen, was man eigentlich denkt; Wut solange runterschlucken, bis sie aus einem herausplatzt; sich in die Opferrolle begeben; nicht Nein sagen können; eigene Bedürfnisse hintanstellen; große Anstrengung machen, um den Erwartungen des anderen zu entsprechen; anklammerndes Verhalten

☐ Ich grenze mich durch mein Verhalten stark ab und beschütze meine Autonomie.
z.B.: keinen Kompromiss eingehen wollen; sich selbst im Recht sehen; mauern und dicht machen; sich nicht festlegen wollen; die Schuld beim anderen suchen; die eigenen Bedürfnisse an erste Stelle setzen; Streit provozieren

HINWEIS: Wenn du festgestellt haben solltest, dass du beide Verhaltensweisen nutzt, schau doch mal genau hin. Bei welchen Personen oder unter welchen Umständen nutzt du welche Strategie? Was haben diese Personen oder Umstände miteinander gemein? Erkennst du dein Muster? Die Logik hinter dem eigenen Verhalten zu verstehen und den roten Faden zu entdecken, ist der erste Schritt auf dem Weg zu mehr Wahlfreiheit.

Selbstheilung: Triff eine Entscheidung

Sowohl für Überangepasste als auch für Überabgegrenzte sind die folgenden Maßnahmen hilfreich:

→ **1. Nimm deine Gefühle wahr und beobachte sie mit etwas Distanz.**
Meine Gefühle:

→ **2. Identifiziere unangemessene Gefühle, die aus deinen negativen Glaubenssätzen (Schattenkind) resultieren.**

Meine unangemessenen Gefühle und mein negativer Glaubenssatz:

___

___

→ **3. Ersetze den negativen Glaubenssatz durch einen positiven und spüre, wie deine Emotion sich ebenfalls angenehm verwandelt. Gib dem angenehmen Gefühl viel Raum in deinem Körper.**

Meine angenehmen Gefühle und mein positiver Glaubenssatz:

___

___

→ **4. Betrachte die Situation mit deinem positiven Glaubenssatz und deinem angenehmen Gefühl aus der Distanz, begib dich also in die Beobachterposition. Stell dir vor, du bist dein eigener Coach: Was wäre ein angemessenes, konstruktives Verhalten?**

Mein angemessenes Verhalten:

___

___

Dein persönlicher Bauplan

Nun habe ich dir die zentralen Bausteine der Psyche vorgestellt und du bist dir selbst nähergekommen. Hier möchte ich mit dir noch einmal die Bausteine zusammenfassen, sodass du einen Überblick über deine Strukturen hast:

Selbsterkenntnis: Entdecke deinen Bauplan

Kreuze dazu einfach die einzelnen Bausteine an.

Mein Bindungsstil ist:

- [ ] sicher
- [ ] unsicher

Mein Selbstwertgefühl ist:

- [ ] stabil
- [ ] labil

Mein schmerzhaftester Glaubenssatz lautet:

____

____

Meine internale Kontrollüberzeugung ist:

- [ ] hoch
- [ ] niedrig

Meine innere Balance zwischen Bindung und Autonomie:

- [ ] ist im Gleichgewicht
- [ ] ist im Ungleichgewicht zugunsten der Bindung (überangepasst)
- [ ] ist im Ungleichgewicht zugunsten der Autonomie (überautonom)

Meine grundsätzliche Erwartung bezüglich anderer Menschen ist:

- ☐ Ich bin willkommen.
- ☐ Ich bin eher nicht willkommen.

Meine Einstellung zum Leben ist eher geprägt durch:

- ☐ Annäherungsmotive
- ☐ Vermeidungsmotive

Es könnte sein, dass du an dieser Stelle denkst »Oje, jetzt habe ich es Schwarz auf Weiß, was für ein ‚Psycho' ich bin« und dich dabei richtig schlecht fühlst.

Das musst du nicht!

Zum einen haben wir alle ein Päckchen an Prägungen und (ungünstigen) Verhaltensmustern zu tragen. Wichtig dabei ist, das eigene Päckchen nicht zu verurteilen, sondern die Psycho-*Logik* hinter seinem Verhalten zu erkennen. Denn nur wenn ich sie verstehe, kann ich auch die Verantwortung dafür übernehmen und zu einer hilfreichen Veränderung kommen. Zum anderen sind alle negativen Zustände, die du eingetragen hast, Spiegelbilder deiner negativen Erfahrungen und damit für die Gegenwart nicht mehr zentral: Es handelt sich um willkürliche Prägungen, falsche Überzeugungen, ein verzerrtes Selbstbild. Mach dir das klar und starte gestärkt in deine Gegenwart.

Du weißt inzwischen, dass du dich von diesen Vorstellungen befreien, deine alten Wunden heilen und zu einem erfüllten Selbst kommen kannst, mit einem erfüllten Dasein. Selbsterkenntnis ist dabei die halbe Miete. Die Heilung von schädlichen Mustern und die Etablierung besserer Gedanken und Verhaltensweisen ist die andere Hälfte. Mit beidem hast du durch die Arbeit mit diesem Buch begonnen. Du hattest und hast mittlerweile schon einiges in deinem »Ressourcenkoffer«, auch wenn du dir dessen vielleicht nicht so bewusst bist.

Lass uns schauen, was alles in deinem Ressourcenkoffer steckt.

Heute bist du erwachsen

Du bist nicht mehr das kleine Kind von damals. Heute bist du bereits viel unabhängiger und hast dich weiterentwickelt. Auch wenn es dir nicht immer so vorkommen mag, mach dir bewusst, dass du dieses Buch in den Händen hältst, weil du dich um deine Themen kümmerst. Du übernimmst also schon Verantwortung – weiter so!

Selbsterkenntnis: Was sind deine Ressourcen?

Entweder stehen dir diese Ressourcen bereits zur Verfügung, um dein Problem zu lösen, oder sie können dir für die Zukunft dabei helfen. Kreuze an, was du bereits in deinem Koffer hast und was für dich besonders wichtig ist.

- [ ] Ich kann mich gut reflektieren.
- [ ] Ich verstehe die »Psycho«-Logik hinter meinen Gefühlen, Gedanken und Verhaltensweisen.
- [ ] Ich kann mich sowohl gut in mich, als auch in andere einfühlen.
- [ ] Ich bin bereit, meine Vermeidungsmotive aufzulösen.
- [ ] Ich versuche, offen über meine Schwierigkeiten zu sprechen.
- [ ] Ich habe Geduld mit mir und anderen.
- [ ] Ich kann mir Hilfe holen, wenn ich sie brauche.
- [ ] Ich kann mich entschuldigen, wenn ich etwas falsch gemacht habe.
- [ ] Ich weiß, dass Fehler menschlich sind, und gestehe sie mir zu.
- [ ] Ich bin bereit, weiter an mir zu arbeiten.

Selbstheilung: Mach, was dir Spaß macht

Entdecke die Dinge, die dir Freude machen. Das können Freunde oder andere enge Bindungen sein, dein Job, deine Ausbildung oder etwas wie deine Neugier, deine Ruhe, Lesen oder Aktivitäten, die dir guttun. Hier gibt es kein Falsch.

Die folgenden Dinge oder Tätigkeiten bereiten mir Freude:

____

____

____

HINWEIS: Wenn dir hier zunächst wenig einfällt, überleg einfach mal, was du gern einmal ausprobieren würdest. Heute hast du als Erwachsener oder Erwachsene dazu die Möglichkeit. Du darfst nämlich selbst entscheiden.

Selbstheilung: Nimm dich und deine Gefühle an

Auch wenn es dir schwerfallen mag, mach dir bewusst, dass du und deine Gefühle okay sind. Vielleicht erscheinen dir dein Verhalten oder deine Empfindungen nicht immer angemessen, aber du kannst Verantwortung für dich übernehmen, ohne dich zu verurteilen. Du hast in der Hand, wie du damit umgehen möchtest.

Wie möchtest du in Zukunft mit deinen Gefühlen umgehen? Gibt es Gefühle, denen du dich mehr zuwenden möchtest bzw. gibt es Gefühle, die du noch mitfühlender versorgen möchtest, um sie zu regulieren? Schreib deine Vorhaben dazu gern auf:

____

____

Bitte notiere hier deinen wichtigsten positiven Glaubenssatz:

Dieser Satz steht für dein neues Lebensgefühl. Stell dir vor, du wärst mit dieser Grundeinstellung durch dein ganzes bisheriges Leben gegangen. Ab heute darf das deine neue Haltung sein. Das steht dir zu! Denn jedes Kind sollte in dem Bewusstsein groß werden, dass es willkommen ist, geliebt wird und gut so ist, wie es ist. Dieses Grundvertrauen darfst du dir nun schenken.

Selbstheilung: Dein Mutmachersatz

Vielleicht magst du dir noch einen hilfreichen Satz notieren, der dich dazu ermutigt, deine neue Haltung in dein Leben zu tragen:

Selbsterkenntnis: Deine wichtigsten Erkenntnisse

Fasse hier noch einmal zusammen, was die wichtigsten Erkenntnisse und Übungen sind, die dir helfen, dein Problem zu lösen.

Gib dir, was du brauchst

An dieser Stelle möchte ich mich bei dir bedanken, dass du das Arbeitsbuch für dich genutzt hast. Du hast damit Zeit und Energie in deine innere Arbeit investiert. Dazu möchte ich dir gratulieren!

Abschließend möchte ich dir noch eine heilende Trance mit auf den Weg geben. Wenn du magst, kannst du dir diese Trance wieder auf www.penguin.de/stahl-arbeitsbuch anhören. Wenn du nun die Abschlusstrance machst, ist das ein bisschen so, als würdest du die Ernte deiner vorherigen Saat beziehungsweise deiner Bemühungen einfahren. In dieser Trance kannst du zusammenfassend erfahren, wie du deinen Grundbedürfnissen Raum gibst und wie es dir gelingt, deine Grundbedürfnisse zu leben.

Wenn unsere Grundbedürfnisse als Kind frustriert wurden oder wir im Hier und Jetzt Situationen erleben, in denen wir leiden, weil unsere psychischen Grundbedürfnisse nicht ausreichend erfüllt sind, ist es besonders wichtig, sich selbst gut zu versorgen.

Bevor du in die Trance startest, prüfe bitte einmal, ob du gut versorgt bist. Sind deine körperlichen Bedürfnisse erfüllt: Hast du genug gegessen? Möchtest du eine kurze Ruhepause einlegen? Hast du Durst? Ist dir kalt oder möchtest du vielleicht nochmal zur Toilette? Wenn du dich gut um dich gekümmert hast, such dir einen ruhigen Ort und nimm eine entspannte Sitz- oder Liegeposition ein.

Den Grundbedürfnissen Raum geben – als Audio-Trance verfügbar

Diese Trance kannst du dir auch anhören auf www.penguin.de/stahl-arbeitsbuch. Sitzt oder liegst du bequem? Räkel dich und streck dich, sodass dein Körper eine angenehme Position findet und dein Atem frei fließen kann. Während dein Atem entspannt ein- und ausströmt, kannst du es dir erlauben, mehr und mehr in dein Inneres zu blicken.

Als Erstes wende dich dem Bindungsbedürfnis, deinem Bedürfnis nach Zugehörigkeit und nach Verbindung mit anderen Menschen zu. Du kannst dir vorstellen, dass das Bindungsbedürfnis durch eine warme Farbe symbolisiert wird: ein kuscheliges Rot oder ein heimeliges Orange. Dann stell dir vor, wie du dieses Rot-Orange einatmest und mit der Ausatmung im ganzen Körper verteilst. Damit signalisierst du dir auf einer tiefen Ebene: »Ja, ich darf, ich werde und ich kann mein Bindungsbedürfnis auf gute Weise leben.«

Dann wende dich deinem Autonomiebedürfnis zu, dem Bedürfnis, eine eigene, selbstbestimmte Person zu sein, die die Dinge eigenständig steuert und Kontrolle ausübt. Du kannst diesem Bedürfnis die Farbe Blau geben. So wie gerade eben nimmst du mit der Einatmung die Farbe auf und mit der Ausatmung verteilst du sie im ganzen Körper. Damit sagst du dir selbst: »Ja, ich kann mein Autonomiebedürfnis auf gute Weise leben. Ich spüre meine Gefühle und Bedürfnisse. Ich treffe Entscheidungen und stehe für mich ein. Und ich kann mich auch trennen, wenn das *für mich* besser ist.«

Stell dir vor, wie sich Bindung (Rot-Orange) und Autonomie (Blau) in einem dynamischen System beziehungsweise in einem Farbverlauf und Farbwirbel ergänzen. Vielleicht möchtest du auch die Mischung aus Rot und Blau als ein Violett, Lila oder Veilchenblau einatmen und mit der Ausatmung im ganzen Körper verteilen.

Nun lass die Farbe Gelb vor deinem inneren Auge entstehen. Gelb steht für deinen Selbstwert. Du atmest die gelbe Farbe und damit Selbstwert ein. Mit der Ausatmung schickst du diese gelbe Selbstwertinformation in deinen ganzen Körper. Du badest dich in leuchtendem Gelb von den Zehen bis zu den Haarspitzen. Und weil du damit das Epizentrum adressierst, hat es eine weitreichende wunderbare Wirkung. Weißt du vielleicht schon jetzt, was sich ganz konkret verändert, wenn du mit Selbstwert aufgeladen bist? Genieße diese Wonne an Gelb einen Augenblick, bevor du zu deinem nächsten Bedürfnis übergehst.

Welche Farbe kommt dir zu Lustgewinn und Unlustvermeidung in den Sinn? Wenn dir eine treffende Farbe, vielleicht ein helles Grün, eingefallen ist, dann atme sie ein und verteil sie in deinem Inneren. Und erneut kannst du spüren, was das für dich und dein Leben bedeutet und wie es sich anfühlt, wenn Lustempfinden und Unlustvermeidung in richtig guter Balance sind.

Schließlich lehne dich innerlich noch einmal zurück und lass dir wie im Kino zeigen, wie es aussieht, wenn du all deine Grundbedürfnisse wahrnimmst und auf gesunde Weise erfüllst. Wie du die Fülle in dir spürst, wenn dir nichts fehlt. Mit hoffentlich vielen Erkenntnissen auf der bewussten und unbewussten Ebene kannst du nun zurück ins Tagesbewusstsein kommen. Hell, klar und wach.

All die Ressourcen, Erkenntnisse und heilenden Erfahrungen, die du bis hierhin gewonnen und gemacht hast, befinden sich in deinem Koffer. Mach dir bewusst, wie viel du schon mitbringst, und nutze dieses Wissen. So kannst du deine Themen leichter angehen und dein Leben selbstbestimmt leben.

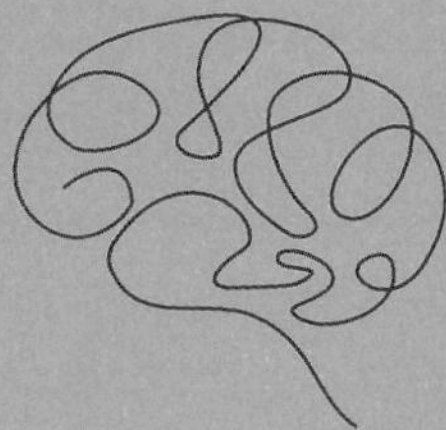

Am Ende der Reise: Aufbruch in ein neues Lebensgefühl

Du hast es bis hierher geschafft und dich intensiv mit dir auseinandergesetzt. Herzlichen Glückwunsch! Die innere Realität ist die primäre Realität. Sie bestimmt darüber, wie du die äußere Realität wahrnimmst. Wenn du deine Sicht auf dich selbst veränderst, veränderst du auch deine Sicht auf die Welt.

Ich hoffe, du bist der Lösung deines Themas einen großen Schritt nähergekommen. Im besten Fall hast du dein Problem lösen können. Falls du schon andere Bücher von mir gelesen hast oder meine Podcasts kennst, dann weißt du vielleicht, dass ich immer wieder »predige«, dass der rote Faden für die Problemlösung entscheidend ist. Es ist nicht nötig, jedes Kindheitserlebnis aufzuarbeiten. Was man benötigt, ist ein Plan, der die großen Zusammenhänge aufzeigt. Diesen hast du nun in der Tasche: deinen persönlichen psychischen Bauplan und damit auch die Lösungswege, um dein Thema anzugehen.

Wenn man sich aus seinen alten Mustern befreien möchte, braucht man vor allem eines: eine klare Entscheidung! Aufgrund meiner über 30-jährigen Tätigkeit als Psychotherapeutin weiß ich, dass sich jene Menschen am schnellsten weiterentwickeln, die eine klare Entscheidung getroffen haben. Falls du also das Gefühl hast, dass dir zwar theoretisch vieles klar geworden ist, du aber noch Widerstände und Blockaden in dir verspürst, dann liegt es höchstwahrscheinlich daran, dass dein altes Muster dir einen versteckten, unbewussten Nutzen bietet und du somit noch keine klare Entscheidung für das Neue getroffen hast. Dann mach es dir zur Aufgabe, diesem Widerstand auf die Spur zu kommen. Hierfür kannst du auch noch einmal die Selbsterkenntnis auf Seite 115 *Decke den positiven Nutzen alter Glaubenssätze auf* machen.

Falls du dich überfordert fühlst, deine Probleme allein zu bearbeiten, scheue dich nicht, dir psychotherapeutische Hilfe zu suchen. Das ist kein Zeichen von Schwäche, sondern im Gegenteil ein verantwortungsvoller und oftmals unerlässlicher Schritt. Die Psychotherapie mit einem geschulten Gegenüber ist nicht durch Ratgeberliteratur zu ersetzen. Du darfst dir Unterstützung suchen.

Zum Abschluss möchte ich dir noch einmal die wichtigsten Botschaften in Erinnerung rufen:

- → Du bist nicht deine Vergangenheit – begib dich ins Hier und Jetzt!
- → Bedenke: Wir reagieren fast ausschließlich auf unsere eigenen Gedanken, die entweder in der Vergangenheit verweilen oder um die nicht existierende Zukunft kreisen.
- → Heute bist du groß: Bestimme selbst, welche Glaubenssätze richtig sind!
- → Du darfst deine Gefühle fühlen, sie sind die Verbindung zu dir selbst und zu anderen.
- → Du bist gut und richtig, so wie du bist! Falls manche Gefühle und Verhaltensweisen maladaptiv sind, dann stellen sie alte und sinnvolle Lösungsversuche dar, die du anpassen kannst.
- → Bring so viel Geduld und Mitgefühl für dich auf wie für einen guten Freund.
- → Übernimm die Verantwortung für deine Gefühle und Verhaltensweisen!
- → Sei mutig und gestalte dein Leben nach deinen eigenen Werten!
- → Freue dich an deinem Leben und genieße es!
- → Die wichtigste Botschaft lautet: **Du kannst es schaffen, wenn du dranbleibst!**

Bedenke und fühle, wie viel du schon geschafft hast. Du trägst einen heilen Kern in dir, von dem eine heilende Kraft ausgeht. Allein, dass du dich mit diesem Buch beschäftigst, zeigt, dass du ein guter Mensch sein möchtest. Darauf kannst du sehr stolz sein. Das ist nämlich alles, worauf es im Leben ankommt. Auf diesem Weg wünsche ich dir von Herzen Verbundenheit, Selbstbestimmung, Selbstwert und viel Freude.

Deine Steffi

Anhang

Die Selbstheilungen im Überblick

Ausgewählte Literatur

Böcker, J. (2018). *Emotionsfokussierte Therapie: Therapeutische Skills kompakt*. Junfermann Verlag GmbH.

Chmielewski, F., & Hanning, S. (2021). *Therapie-Tools Selbstwert. Mit E-Book inside und Arbeitsmaterial*. Beltz.

Eismann, G., & Lammers, C. H. (2017). *Therapie-Tools Emotionsregulation: Mit E-Book inside und Arbeitsmaterial*. Beltz.

Klingen, N. (2023). *Sechs Superkräfte für Ihr Leben: Wohlbefinden kann man lernen*. Klett-Cotta.

Kovaleva, A., Beierlein, C., Kemper, C., & Rammstedt, B. (2012). *Eine Kurzskala zur Messung von Kontrollüberzeugung*. Gesis–Leibniz-Institut für Sozialwissenschaften, *19*, 2012-19.

König, V. (2021). *Bin ich traumatisiert?: Wie wir die immer gleichen Problemschleifen verlassen*. Gräfe und Unzer.

Neff, K., & Germer, C. (2020). *Selbstmitgefühl – Das Übungsbuch: ein bewährter Weg zu Selbstakzeptanz, innerer Stärke und Freundschaft mit sich selbst*. Arbor Verlag.

Stahl, S. (2015). *Das Kind in dir muss Heimat finden: Der Schlüssel zur Lösung (fast) aller Probleme*. Kailash Verlag.

Stahl, S. (2017). *Das Kind in dir muss Heimat finden: in drei Schritten zum starken Ich: das Arbeitsbuch*. Kailash Verlag.

Stahl, S. (2022). *Wer wir sind: Wie wir wahrnehmen, fühlen und lieben – Alles, was Sie über Psychologie wissen sollten*. Kailash Verlag.

Stahl, S. (2017). *Jeder ist beziehungsfähig: der goldene Weg zwischen Freiheit und Nähe*. Kailash Verlag.

Stahl, S. (2020). *Jein!: Bindungsängste erkennen und bewältigen. Hilfe für Betroffene und deren Partner*. Kailash Verlag.

Stahl, S. (2020). *So stärken Sie Ihr Selbstwertgefühl: damit das Leben einfach wird*. Kailash Verlag.

Wengenroth, M. (2012). *Therapie-Tools Akzeptanz-und Commitmenttherapie: Mit Online-Materialien*. Beltz.

Register

MIX
Papier | Fördert gute Waldnutzung
FSC® C147178

Penguin Random House Verlagsgruppe FSC® N001967

1. Auflage
Originalausgabe

in der Verlagsgruppe Penguin Random House GmbH
Neumarkter Str. 28, 81673 München
Lektorat: Julia Meyer-Hermann, Dr. Antje Korsmeier
Umschlaggestaltung: ki 36, Daniela Hofner Editorial Design, München
Satz: Satzwerk Huber, Germering
Druck und Bindung: Pixartprinting
Printed in Italy
ISBN 978-3-424-63254-5
www.kailash-verlag.de